Sa

Hirnabolika

Hirnabolika

Nur Superhelden haben Zwangsgedanken!
Wie Du Deine innere Stärke endlich richtig nutzt

Von Sascha Schwarz

Haftungsausschluss:
Die Ratschläge in diesem Buch sind sorgfältig erwogen und geprüft. Sie bieten jedoch keinen Ersatz für kompetenten medizinischen Rat. Alle Ratschläge in diesem Buch erfolgen daher ohne jegliche Gewährleistung oder Garantie seitens des Autors und des Verlags. Eine Haftung des Autors bzw. des Verlags für Personen-, Sach- und Vermögensschäden ist ausgeschlossen.

Bibliografische Information der Deutschen Nationalbibliothek:
Die Deutsche Nationalbibliothek verzeichnet diese Publikation in der Deutschen Nationalbibliografie; detaillierte bibliografische Daten sind im Internet über http://dnb.dnb.de abrufbar.

© 2022 Sascha Schwarz
Herstellung und Verlag:
BoD – Books on Demand, Norderstedt

ISBN: 9783756832163

Inhaltsverzeichnis

Einleitung: Was bringt Dir dieses Buch? 9

1. Warum innere Stärke bei Menschen mit Zwangsgedanken besonders ist? 15

    Wie werden psychische Krankheiten heutzutage wahrgenommen? 15

    Warum Menschen mit Zwangsgedanken geheime Superhelden sind? 18

    Wie sollte man Stress und Anspannung bewerten? 24

    Was ist ein typisches Rezept für einen richtig schönen Zwangsgedanken Salat? 33

    Was ist innere Stärke aka Resilienz? 38

    Eigentlich warst Du mal ein starker Mensch, oder? 43

2. Erkenntnisse aus Telefon-Coachings, die Dein Leben verändern können! 46

    Welche Erkenntnisse Du aus meinen Telefon-Coachings unbedingt kennen solltest? 46

    Was ist ein Angstunfall? 53

    Was soll man gegen die Angst tun, die oft unterschwellig da ist? 59

    Wie soll man mit diesen ständigen Bildern umgehen, die so viel Energie kosten? 67

    Warum Du manchen Empfindungen nicht trauen solltest? 69

Wie man richtig mit all den Triggern umgeht? 75

Was kann man tun, wenn eine Person automatisch
Zwangsgedanken bei einem auslöst? 80

Sind Rückfälle in der Zukunft möglich? 86

Wie kann man dauerhaft innere Sicherheit erreichen? 90

3. Was ist die innere Waage, die jeder Mensch
in sich trägt? 100

Was ist die innere Waage in Dir? 100

Wie kannst Du Deine innere Waage ausbalancieren? 106

Welche To-Go Übung stärkt meine positiven
Gedanken und Gefühle? 113

Wie denkst Du über Dich selbst? 116

Wie kann man einen negativen Glaubenssatz auflösen? .. 122

Wie kann man wieder glücklich im Hier und Jetzt
leben (statt in einer gedanklichen Parallelwelt)? 127

4. Wie kann man mit Stress besser umgehen und
warum ist das wichtig? 131

Welche Ereignisse setzen uns unter Stress? 131

Wie man seinen Stresslevel erkennt und was
man dagegen tun kann? 133

Wie man besser mit Stress umgeht? 139

Wie man entspannt bleibt, wenn das Leben zu
viel Gas gibt? 146

Wie Du stoisch Deine Ziele erreichst? 150

Bonuszeit für mehr gedankliche Ruhe und Stärke 154

5. Wie kann man seine innere Stärke aufbauen? 157
   Warum sollte man an sich glauben? 157
   Welche einfache Strategie pumpt Deine innere Stärke
   auf Superhelden-Niveau? 162
   Wie lernt man an sich zu glauben? 170
   Was bringt positives Denken? 178
   Wie man sich gern hat und dadurch erstarkt? 183
   Wie Du der Boss Deiner Gedanken bleibst? 188
   Warum soziale Bindungen so wichtig sind? 191
   Welche Power-Denkweisen (re)aktivieren den
   Superhelden in Dir? 196

6. Wie bleibt man ohne Mühe dauerhaft frei von
   Zwangsgedanken? 216
   Was man über Selbstwirksamkeit wissen sollte? 216
   Warum der alte Spruch mit dem Körper und
   Geist einfach stimmt? 219
   Wie Du glücklich im Moment lebst? 222
   Werde bitte nicht leichtsinnig, wenn Du
   wieder glücklich bist! 226

7. Schluss 228
   Das hast Du nun drauf 228
   Grundwissen: Methoden lernen 231
   Danke für Euer unglaubliches Vertrauen 232

IV

Einleitung: Was bringt Dir dieses Buch?

Wenn Du dieses Buch in den Händen hältst, dann hast Du wohl Erfahrungen mit Zwangsgedanken, Zwangshandlungen oder sonstigen Ängsten und damit verbundenen Grübelorgien gesammelt.

Vielleicht kennst Du auch mein Buch „Für-immer-Urlaub-von-Zwangsgedanken" und/oder meinen Videokurs „DU 2.0" schon.

Viele meiner Klienten haben dadurch die Zwangsgedanken richtig verstanden und in der Folge besiegt, sodass sie wieder mental unbeschwert und frei sein konnten.

Sie haben die Automatismen aus tiefstem Herzen begriffen und konnten nachvollziehen, warum sie früher gar keine andere Chance hatten, als in dem Labyrinth der Zwangsgedanken weiter herumzuirren.

Warum schreibe ich dann also dieses Buch, wenn doch für den Betroffenen wieder alles gut ist?

Das will ich Dir mit einer kleinen Geschichte von Timo verdeutlichen.

Timo ist 22 Jahre alt und krankhaft fresssüchtig. Er ist 1,70 Meter groß und wiegt trotz seines jungen Alters schon 150 Kilo.

Da seine Eltern megareich sind, muss er sich keinerlei Gedanken über Geld machen.

Deshalb konnte er seine Fressorgien immer völlig hemmungslos ausleben. Wo er das tat?

Im Burgerparadies Triple 9 (Triple 9, weil jeder Burger mindestens über 999 kcal verfügen muss, damit er hier serviert werden darf).

Timo nutzte die Fresssucht, um mit den Gedanken zurecht zu kommen, die er selbst als Geheimgedanken klassifizierte.

Das waren Gedanken, die niemand jemals erfahren durfte. Denn falls das irgendwann mal ans Tageslicht käme, dann würden sie ihn vermutlich wegsperren.

Es ging immer um Gewalt gegen seine Eltern.

Er konnte gar nicht verstehen, warum er solche schlimmen Gedanken überhaupt in Bezug auf seine Eltern denken konnte. Er liebte seine Eltern doch und es ging ihm gut bei ihnen.

Manche bemitleidenswerten Kinder kommen ja gar nicht klar mit ihren Eltern, sie haben ein grottenschlechtes Verhältnis, Gewalt und Probleme stehen an der Tagesordnung.

Wenn so jemand mal in Gedanken gegenüber seinen Eltern einen gewalttätigen Gedanken hätte, okay, das könnte man ja nachvollziehen.

Aber bei ihm? Timo hatte doch nun wirklich ein super Verhältnis zu seinen Eltern und es war tatsächlich alles gut, genau deshalb setzten ihm diese fürchterlichen Gedanken ja auch so zu.

Warum nur hatte er erst wieder heute Morgen befürchtet, er könnte mit seinem Nutella-Messer seiner Mutter in den Rücken stechen?

Es war echt schlimm, weil es sich so drängend anfühlte, so kurz vor dem Kontrollverlust.

Aus der Not hatte er damals als junger Bub irgendwie versucht Lösungen zu finden und da kam er eben auf die Fressorgien.

Diese stundenlangen Burgervernichtungen im Triple 9 halfen ihm, mit den Gedanken klarzukommen und sie – wenn auch nur kurz – zu vergessen.

Aufgrund der Fressorgien sind über die Jahre aber neue Probleme entstanden.

Klar, all diese kulinarische Maßlosigkeit forderte ihren Tribut von ihm.

Er war wegen seines Gewichts mehr und mehr alleine mit sich.

Andere mieden ihn und er mied die Anderen.

Soziale Kontakte brachten für ihn immer Hänseleien, innere Verletzungen und letztlich nur Schmerz.

Er war ein junger Mann, aber an eine Freundin war gar nicht zu denken. Wenn es so weiter gehen sollte, wäre das ganze Thema auch bald ein ernstzunehmendes Gesundheitsrisiko und das, trotz seines jungen Alters.

So konnte es unmöglich weiter gehen. Seine Eltern ermöglichten ihm daher ein professionelles Coaching.

Im Coaching lernt er, wie er mit seinen negativen Gedanken besser umgehen konnte, sodass er keine Fressorgien mehr brauchte.

Das war zu Beginn noch etwas schwierig und ungewohnt für ihn, aber mit seinem Coach konnte er es überraschend gut in den Griff bekommen.

So, jetzt kommt der Brückenschlag zu den Zwangsgedanken.

Dieses Stadium erreichen viele meiner Klienten nach dem Buch „Für-immer-Urlaub-von-Zwangsgedanken" bzw. dem Kurs „DU 2.0", sodass sie die Zwangsgedanken ablegen können.

Und jetzt kommt dieses Buch hier ins Spiel…

Wir setzen jetzt hier quasi bei Timos Alltag an, bei seiner Art, wie er mit Stress und Problemen umgeht, wie er auf Herausforderungen reagiert, wie sein ganz normales Denkverhalten aussieht etc.

Die negativen Gedanken kommen nämlich nicht einfach so.

In diesem Buch geht es darum, sich selbst besser kennenzulernen. Seine innere Waage zu verstehen und welchen Einfluss diese darauf hat, dass hin und wieder negative Gedanken auftreten können.

Solche schrägen Gedanken ploppen nämlich bei allen Menschen von Zeit zu Zeit einmal auf.

Es geht jetzt also darum Dich, lieber Leser, mental stärker zu machen, sodass Du für den Rest Deines Lebens nicht noch einmal in eine Zwangsgedanken Falle tappst.

Du sollst durch dieses Buch lernen:

- Wie Du gelassen bleiben kannst - sogar, wenn ein richtig beängstigender Gedanke bei Dir anklopft
- Wie Du Probleme und Herausforderungen durch mehr innere Stärke künftig souveräner lösen kannst
- Wie Du jeden Tag viele Gelegenheiten finden wirst, um pures Glück zu empfinden

Du siehst, dieses Buch hat eine ganze Menge mit Dir vor.

Legen wir los…aber halt, bevor ich es vergesse…

Ich verwende für den besseren Lesefluss meist die maskuline Schreibform. So bin ich es aus Schulzeiten einfach gewohnt und finde es selbst beim Lesen von Büchern auch angenehmer.

Es soll sich bitte deshalb niemand benachteiligt fühlen. Selbstverständlich möchte ich mit diesem Buch Frauen und Männer gleichermaßen ansprechen.

1. Warum innere Stärke bei Menschen mit Zwangsgedanken besonders ist?

Wie werden psychische Krankheiten heutzutage wahrgenommen?

Ich bin im Jahr 1977 geboren. Als kleiner Junge schnappt man von den Gesprächen Erwachsener immer eine ganze Menge auf.

Ich erinnere mich noch genau an ein Schreckensbild, das von Erwachsenen damals gerne gezeichnet wurde.

Es ging um Menschen, die „in die Irrenanstalt mussten".

In der gängigen Vorstellung waren das völlig verrückte Menschen, mit denen man schreckliche Verbrechen in Verbindung brachte oder die man sich als komplett schwachsinnig vorstellte.

Wenn man damals also von jemandem hörte, der in die „Klapsmühle" (ich verwende absichtlich solche O-Ton-Beschreibungen) musste, dann war diese Person gesellschaftlich durch.

Das wäre so, wie wenn jemand heute ein virales Live-Video postet, in welchem man über eine medial populäre Minderheit schimpft, eine Vergewaltigung gesteht, seinen Chef übel beleidigt und gleichzeitig den Klimawandel leugnet.

Dann bist Du raus...

Mit folgender Vorstellung ist meine Generation aufgewachsen:

Psychische Krankheiten sind etwas, das „normale" Menschen einfach nicht haben (dürfen).

Für viele Menschen ist es daher wahrscheinlich lange Zeit (oder noch immer) sehr schwer gewesen, sich einzugestehen, dass man ein psychisches Problem hat und es vielleicht doch ganz gut wäre, wenn man sich mal helfen lässt.

Nicht selten gab es optisch und vom Verhalten her keinen Unterschied zwischen Menschen, die gerade die Praxis ihres Psychiaters betreten und solchen, die in die „Erwachsenenabteilung" der Videothek gehen.

Gut getarnt sein und bloß nicht gesehen werden war die Devise...

Viele Menschen leiden wegen diesen verwurzelten Vorstellungen über psychische Krankheiten still und heimlich an ihren mentalen Problemen, Sorgen und Nöten. Teilweise jahrzehntelang.

Glücklicherweise hat sich dieses Bild in den letzten Jahren gesellschaftlich gewandelt.

Jetzt ist man nicht mehr der gefährliche Freak, wenn man anderen davon erzählt, dass man beim Psychologen war. Man ist ja schließlich in guter Gesellschaft.

Wenn man aufgrund einer Krankheit seinen Beruf heutzutage nicht mehr ausüben kann, dann ist der häufigste Grund dafür:

Mit 31,9 % eine psychische Erkrankung.[1]

Damit können Menschen mit psychischen Problemen sich als gesellschaftlich anerkannt fühlen, sie sind keine Exoten mehr.

Ich arbeite als Coach speziell mit Menschen zusammen, die unter Zwangsgedanken leiden. Das tue ich schon seit einigen Jahren.

Durch viele bewegende und besondere Gespräche ist in mir eine Erkenntnis gewachsen, die ich gleich mitteilen und dann auch begründen werde.

Menschen mit Zwangsgedanken sind geheime Superhelden.

---

[1] Vgl. Die Versicherer (19.04.2022). *Häufigste Ursache für Berufsunfähigkeit: Psychische Krankheiten.* https://www.dieversicherer.de/versicherer/beruf-freizeit/news/berufsunfaehigkeit-ursachen-33756.

Warum Menschen mit Zwangsgedanken geheime Superhelden sind?

Ich musste kein FBI-Profiler sein, um diesen Zusammenhang zu erkennen.

Nach etlichen Coachings ist mir eines bei meinen Klienten aufgefallen.

Sie alle sind Menschen, die sehr ehrgeizig, engagiert und erfolgreich sind. Im Privat- und/oder Berufsleben sind meine Klienten durchweg ausgesprochen leistungsorientiert.

Unter ihnen sind zum Beispiel Profisportler, Moderatoren, Firmenbosse, Anwälte, Ärzte…

Doch wie passt das zusammen?

Sind Menschen mit Zwangsgedanken denn nicht labil, überempfindlich und mentale Schwächlinge?

Auch wenn Betroffene sich möglicherweise selbst so fühlen, genau das Gegenteil ist der Fall.

Meine These ist:

Menschen mit Zwangsgedanken sind geheime Superhelden.

Diese These möchte ich durch die folgenden 2 Begründungen belegen.

Begründung 1

Menschen mit Zwangsgedanken verfügen oft über besondere Eigenschaften wie zum Beispiel

- überdurchschnittliches Einfühlungsvermögen
- ausgeprägtes Charisma
- Erfolg in Beruf und/oder Sport
- besonderes soziales Engagement
- große Beliebtheit wegen sehr sympathischem Auftreten
- Zuverlässigkeit
- ehrenwerte Moralvorstellungen

Ich habe schon mit vielen Betroffenen Kontakt gehabt und ich muss wirklich sagen, dass alle durchweg sehr angenehme Zeitgenossen waren und es eine Freude ist, mit ihnen zu sprechen und zusammenzuarbeiten.

Aus meiner Erfahrung heraus sind Menschen mit Zwangsgedanken besonders gute Menschen, was sie für mich zu Superhelden macht.

Das Umfeld der Betroffenen im Privat- und Berufsleben weiß ja in der Regel nichts von den inneren Kämpfen, die man als Betroffener jeden Tag ausficht.

Niemand im Umfeld käme darauf, dass der Betroffene so eine Last mit sich trägt.

Für das Umfeld sind die Betroffenen häufig Personen mit Vorbildfunktion, da sie so erfolgreich, umgänglich und sympathisch sind.

Dieses Überdurchschnittliche im gesamten Wesen der Betroffenen macht sie für mich zu Superhelden.

Begründung 2

Betroffenen selbst ist gar nicht bewusst, welchen enormen Kampf sie da austragen.

Für „normale" Durchschnittsmenschen würde ein solcher Kampf den mentalen Harakiri bedeuten, weshalb sie diesen Kampf gar nicht austragen können.

Was meine ich damit?

Bei einem Zwangsgedanken geht es um eine massive Angst, der man ausgesetzt ist.

In einem, da ist plötzlich eine Bestie in Form eines Zwangsgedankens aufgetaucht, die einem das Mark erschüttert und die Knie zum Schlottern bringt.

Diese erlebte Angst ist real und es fühlt sich so an, als würden innerlich gleich die Lichter ausgehen und man wird von der Dunkelheit eingesogen, die dieser schreckliche Gedanke ausstrahlt.

Was würden „Durchschnittsmenschen" tun, wenn sie sich mit so einer Angst konfrontiert sehen würden?

Genau, sie würden die Beine in die Hände nehmen und rennen, was das Zeug hält.

Im übertragenen Sinne bedeutet das, der Durchschnittsmensch Lars Langweilig beschließt mit vollen Hosen ganz schnell, dass er über diesen Gedanken auf gar keinen Fall mehr nachdenken möchte.

Ironischerweise tut er dadurch genau das Richtige und sorgt so dafür, dass er mental gesund bleibt und sich aus dem

Gedankensturm kein Mentaltornado entwickelt, der alles um sich herum aufsaugt und zerstört.

Kommen wir wieder zu unseren geheimen Superhelden, die voller Tugend, Moral und Stärke sind.

Was tut Zorro Zwang, wenn er diesen schrecklichen Gedanken wahrnimmt?

Wird er rennen wie sein feiger Kollege Lars Langweilig?

Nein, natürlich nicht.

Dieser Bösewicht von Gedanke wird gestellt und in einen Kampf verwickelt.

Der darf so nicht davonkommen.

Und so setzt man sich mit diesem Gedanken auseinander, in allen Facetten und mit schonungsloser Ehrlichkeit sich selbst gegenüber.

Auch das ist wieder Ironie des Schicksals.

Denn durch ihre enorme Tugendhaftigkeit sorgen die Zwangsgedanken-Superhelden dafür, dass sie sich einen Mentaltornado heranzüchten, bei dem es bald keine fühlbaren Wahrheiten mehr gibt.

Und diesen Kampf, den führen unsere Helden fortan jeden Tag...

Bis an ihr Lebensende?

Nein, denn irgendwann finden sie mich beim googeln und lernen damit aufzuhören.

Spaß beiseite...

Betroffenen ist es überhaupt nicht bewusst, welchen enormen mentalen Kraftakt sie durch die Zwangsgedanken jeden Tag erbringen.

Trotz dieser Anstrengungen „funktionieren" viele Betroffene in den Bereichen Privat und Beruf für Außenstehende weitestgehend normal.

Niemand ahnt etwas.

Eine schauspielerische Glanzleistung, die eines „Oscars" würdig ist.

Man muss wirklich über eine ausgeprägte innere Stärke verfügen, um diese Krankheit überhaupt ausüben zu können.

Geheime Superhelden eben.

Wie sollte man Stress und Anspannung bewerten?

Död dödödöd död dödödö......

Um 6.00 Uhr klingelte der Wecker meines Samsung Handys.

Ich weiß, ich habe ihn gehört. Doch scheinbar hatte ich im Halbschlaf beschlossen, dass ich nochmal kurz die Augen zulasse.

Dann klingelte der Wecker wieder... 7.05 Uhr.

Verpennt.

Oh Shit...

Meine 3 Jungs müssen zur Schule und in den Kindergarten.

Bei meinem ältesten Sohn (11 Jahre) fängt die Realschule schon um 7.30 Uhr an (ich habe diese Regelung schon seit Beginn des Schuljahres verflucht).

Mein 9-jähriger Mini-Rambo steht immer ungern auf und mag es so gar nicht, sich morgens fertig zu machen.

Mein Junior-Prinz (6 Jahre) steht alleine gar nicht auf.

So dringend hätte ich Hilfe von meiner Freundin Dani gebraucht, aber die ist noch müde vom Geburtstag und einfach nicht aus dem

Bett zu bewegen (und das, obwohl ich die Dramatik der Lage am Bett eindringlich schildere).

Ich stehe alleine da und fühle mich echt überfordert.

Um 7.32 Uhr düse ich mit meinem Sohn im Auto zur Realschule und liefere ihn einigermaßen pünktlich ab.

Die anderen 2 Racker musste ich zuhause lassen, da sie noch nicht fertig waren. Immerhin war ja zumindest ein erwachsener Körper physisch anwesend und bei drohenden Naturkatastrophen oder Feuer im Haus wäre Dani denke ich schon aufgestanden.

Ich fahre zurück von der Realschule und es kommt, wie es kommen musste.

Der Verkehr ist abartig und absolut nicht normal.

Ich brauche für den lächerlichen Rückweg von 3 km satte 30 Minuten.

Das ist bis 8 Uhr in die Grundschule nicht zu schaffen.

Ich rufe also vom Auto aus im Sekretariat der Schule an und gestehe der Sekretärin, dass ich verschlafen habe und wir es heute nicht (annähernd) pünktlich schaffen werden.

Als ich heimkomme, werde ich positiv überrascht.

Mein Hilferuf muss Dani doch auf einer unterbewussten Gewissensebene erreicht haben, sodass sie sich während meiner Abwesenheit aus dem Bett gekämpft hat und die morgendliche Routine koordiniert hat.

Ich schnappe mir als Driver das erste Kinderpaket für die Grundschule und schlage dort um 8.15 Uhr auf. Wir sehen Freunde von meinem Sohn auf dem Pausenhof und er schließt sich der Gruppe gleich an.

Mission complete. Auf zur nächsten...

Wenig später bin ich wieder daheim, lade mein Küken ein und wir fahren jetzt mal ganz gechillt zum Kindergarten (dort ist die Ankunftszeit ziemlich egal).

Ach ja, arbeiten müsste ich demnächst dann auch mal.

Jetzt ist das erst mal egal.

Ich beende die Kindergarten-Mission und fahre nach Hause.

Ich sitze so in meinem Auto und bin jetzt kurz vor meinem Haus, als ich plötzlich sehe, wie mein Anhänger vom Sturm (ja, Sturm war an dem Morgen auch noch) herrenlos über die Straße rollt.

Ich halte mitten auf der Spielstraße reflexartig an, springe aus dem Auto und renne leicht panisch zu meinem Anhänger (vor meinem geistigen Auge sehe ich schon, wie er gleich in ein parkendes Auto kracht).

Glücklicherweise war ich noch rechtzeitig am Anhänger und konnte ihn bremsen und wieder zurückschieben, sodass er gleich ordentlich sturmfest platziert wurde.

Völlig ausgelaugt öffne ich meine Haustür, schnaufe kurz durch und denke mir, jetzt erst mal einen Kaffee.

Während diesem intensiven Morgen habe ich durchaus Stress empfunden. Dabei ist es wichtig, Stress grundsätzlich zu verstehen. Es handelt sich um biologische Abläufe, die wir Menschen schon immer installiert haben.

Sie sollen uns schützen und uns beim Überleben helfen.

Stell Dir vor, Du lebst in der Steinzeit und vor Dir fletscht ein Säbelzahntiger seine scharfen Zähne.

In diesem Moment aktiviert sich ganz automatisch Dein Schutzsystem und unterstützt Dich mit 2 natürlichen Verhaltensweisen bei drohender Gefahr:

- Kämpfen oder
- Fliehen

Für diese Aktionen bereitet uns das Stressempfinden optimal vor.

Doch in der heutigen Welt müssen wir kaum noch kämpfen oder fliehen (allenfalls vor den Animateuren im Hotel oder dubiosen Spendensammlern am Bahnhof).

Auch wenn mein geschilderter Morgen echt stressig war, so ist es doch kein Vergleich zu der Situation in der Steinzeit mit dem Säbelzahntiger. Trotzdem fühlen wir bei einer wahrgenommenen Belastungssituation diese körperlichen Reaktionen:

- Beschleunigung der Atmung
- Erhöhter Blutdruck
- Muskeln werden vermehrt mit Sauerstoff versorgt
- Muskelanspannung erhöht sich
- Verdauung wird in Stand-by gesetzt

Das Gehirn merkt sich solche stressauslösenden Situationen, sodass es in Zukunft schneller wieder darauf reagieren kann.

Das erklärt auch, warum Menschen mit Zwangsgedanken immer ganz automatisch in vielen Situationen angespannt sind.

Beispiel:

Man entwickelt einen Zwangsgedanken, weil man ein nacktes Kind am Strand gesehen hat. In dieser Situation empfindet man großen Stress, weil man sich Sorgen macht, dass etwas mit einem nicht in Ordnung sein könnte.

In Zukunft ist man dann plötzlich schon angespannt (wir empfinden Stress, weil unser Stresshormonsystem von ganz alleine reagiert), sobald man nur ein Kind irgendwo sieht.

Normalerweise würde jetzt der sogenannte präfrontale Cortex zur Hilfe kommen. Das ist ein Stirnlappen, der uns dabei hilft, übertriebene Emotionen (z.B. Angst und Panik) zu bremsen.

Das funktioniert aber nur dann richtig, wenn das Stresshormonsystem nicht ständig aktiviert ist. Und da sind wir beim springenden Punkt. Menschen mit Zwangsgedanken leben in Dauergrübelorgien, die sie extrem stressen, belasten und verängstigen.

Wegen diesem Dauerstress kann der präfrontale Cortex nicht mehr richtig arbeiten und Betroffene können daher nur sehr schwer rationale Entscheidungen treffen.

Man kann bei solchen Fragen einfach keine innere Sicherheit mehr empfinden:

- Ist der Gedanke wirklich Unsinn?
- Habe ich sowas schon mal gemacht?
- Finde ich das wirklich nicht anziehend?

Kurzzeitiger Stress ist für unseren Körper kein Problem. Es ist sogar gut, wenn wir unsere Drehzahl mal richtig nach oben jagen, damit wir uns nach Abschluss der Herausforderung glücklich und zufrieden fühlen.

Nach dem Stress arbeiten alle Hormone wieder normal und man fühlt sich zufrieden und richtig gut.

Unser Körper und unsere Psyche sind aber nicht für diesen Dauerstress gemacht, den Menschen mit Zwangsgedanken über lange Zeit erleben.

Das macht einen fertig, laugt einen psychisch aus und fördert Denkstörungen sowie Niedergeschlagenheit.

Wen wundert es also, dass Menschen mit Zwangsgedanken nicht mehr klar denken und entscheiden können?

Deshalb ist Resilienz (innere Stärke und Widerstandskraft) für Menschen mit Zwangsgedanken eine sehr wichtige Fähigkeit, denn man erreicht dadurch den hormonellen Normalzustand nach einer Stressreaktion schneller. Das ist kein Hokuspokus, sondern die menschliche Natur, die es zu verstehen gilt.

Wer sich nach einer Stresssituation schneller wieder entspannen kann, dem geht es besser, seelisch wie auch körperlich. Das ist menschliche Biologie.

Bezogen auf Zwangsgedanken bedeutet das:

Man muss lernen, die negativen und stressigen Grübelorgien sein zu lassen (wie das geht, habe ich in meinem Buch „Für-immer-Urlaub-von-Zwangsgedanken" und meinem Videokurs „DU 2.0" ausführlich beschrieben).

Dadurch setzen wir unseren Körper nicht mehr unter diesen negativen Dauerstress. Deshalb entspannen wir uns mit der Zeit immer mehr.

Infolgedessen fördern wir unsere Fähigkeiten wieder klar zu denken und rationale Entscheidungen zu treffen.

Wir erkennen dann plötzlich wieder von ganz alleine, dass die Zwangsgedanken unsinnig waren und verlieren die Angst vor ihnen.

Du merkst, es ist ein positiver Kreislauf zurück an die klare und glückliche Oberfläche der Seele.

Es ist ein Prozess, den man durchlaufen muss, der aber schon nach wenigen Wochen spürbare Ergebnisse liefert und so das eigene Selbstvertrauen wieder aufbaut.

Diesen Zustand kann man aber leider unmöglich erreichen, wenn man sich ständig selbst stresst und in Grübelorgien-Thrillern verliert.

Was ist ein typisches Rezept für einen richtig schönen Zwangsgedanken Salat?

Phil (fiktiver Name, inspiriert von einem bekannten Sänger) erzählte mir in einem Coaching, dass er die letzten Jahre richtig Gas gegeben und eine tolle Firma aufgebaut hat.

Mit Zwangsgedanken hatte er mit seinen 28 Jahren bis dahin noch keine Probleme gehabt.

Von seiner Business Karriere träumen viele Jungunternehmer.

Er hat ein innovatives Start-up gegründet und dieses einige Jahre lang sehr erfolgreich aufgebaut.

Sein Arbeitspensum war viele Jahre enorm. Eigentlich arbeitete er immer.

Dann bekam er von Investoren ein ausgesprochen lukratives Angebot. Man wollte sein Unternehmen für eine nette 7-stellige Summe kaufen. Er selbst konnte aber als Geschäftsführer im Unternehmen bleiben, dieses weiter ausbauen, gutes Geld verdienen und mit einem dicken Bankkonto, recht entspannt durchschnaufen.

Er dachte eine ganze Weile über das Angebot nach. Sollte er wirklich sein „Baby" verkaufen?

Ist das die richtige Entscheidung? Klar, das Geld auf dem Konto das bliebe ihm, selbst wenn es mit dem Unternehmen in der Zukunft mal nicht mehr so gut laufen sollte. Kann ja immer sein, wer weiß, wie sich der Markt entwickelt.

Phil entschloss sich letztendlich, das Angebot anzunehmen. Die Phase vor dem Verkauf war dann nochmal besonders anstrengend. Es gab so viele Sachen zu erledigen, einen Haufen Zeugs zu erfüllen, damit das Angebot bald Millionär zu sein auch real werden konnte.

Phil sagte selbst über diese Zeit vor dem Verkauf, dass es unfassbar stressig und belastend war. Zeit für körperlichen und seelischen Ausgleich gab es in diesen Monaten gar nicht mehr.

Kein Sport, keine Hobbys, keine echte Freizeit, nur Druck, Belastung, tausend ungeklärte Fragen und viel zu wenig Schlaf.

Am Tag, als er seine Unterschrift beim Notar ableistete und den Verkauf besiegelte, ging er aus den Kanzleiräumen in die Innenstadt.

Er fühlte sich erleichtert, aber auch irgendwie neben der Spur. Er war komplett ausgelaugt und irgendwie so emotionslos, auch wenn da natürlich trotzdem diese ungläubige Freude war.

Dann, aus heiterem Himmel, schoss ihm ein Gedanke von einem nackten Kind durch den Kopf. Er ist total erschrocken und wusste überhaupt nicht, was dieser Gedanke jetzt sollte.

So etwas hatte er noch nie gedacht.

Die Freude wich einer panischen Angst und er fühlte sich angeekelt und völlig überfordert mit diesem seltsamen Gedanken.

Er beschloss, dass er mal gründlich darüber nachdenken musste, warum er so einen Gedanken hatte.

Er ist doch nicht pädophil! Aber warum hat er dann plötzlich so etwas gedacht? Und wie war das? Hatte ihm der Gedanke etwa gefallen?

Moment, konnte das sein? Er beschloss, den Gedanken nochmal durchzugehen und jetzt einmal genauer zu beobachten, welche Emotionen der Gedanke auslöst.

Als Phil zu mir kam, da litt er schon 6 Monate unter den Zwangsgedanken und konnte sein Leben gar nicht mehr richtig genießen.

Glücklicherweise haben wir die Zwangsgedanken gut auflösen können, sodass er sich nun auch wieder über sein schönes und erfolgreiches Leben freuen kann und wieder glücklich ist.

Anhand von diesem Beispiel sieht man sehr gut, wie das Rezept für einen leckeren **Zwangsgedanken Salat** aussieht:

Verstörender Gedanke
+ *Überlastung / Unzufriedenheit bei einem wichtigen Thema*
+ *Empathische, ehrgeizige Persönlichkeit*
+ *Fehlender körperlicher und seelischer Ausgleich*

Aufgrund dieser Formel nenne ich Zwangsgedanken auch gerne **Überlastungsgedanken**. Man weiß quasi, dass man einen sportlichen Hochleistungsmotor in sich hat, der bis zu kreischenden 8.300 U/min hochdrehen kann.

Bedingt durch diese Situation dreht man aber permanent und über längere Zeit seinen Motor auf 9.800 U/min hoch.

Phasen der untertourigen Passagen gibt es gar nicht mehr.

Da kann man sich doch leicht vorstellen, dass dieser Motor – egal wie hochwertig und zuverlässig er gebaut ist – irgendwann einmal komplett überlastet ist und einem um die Ohren fliegen muss.

Es ist also wichtig zu verstehen, dass Überlastungsgedanken aufgrund der Kombination verschiedener Umstände entstehen können.

Wenn man das weiß, dann kann man im Fall der Fälle besser damit umgehen und wird nicht mehr unvorbereitet von einem solchen Gedanken erwischt.

Dieses Wissen nimmt Zwangsgedanken den Schrecken und damit auch die Macht.

Selbst wenn Du jahrelang keine Zwangsgedanken mehr hast und Dich aufgrund einer überlastenden Lebensphase ein schräger Gedanke aus der mentalen Bahn wirft, dann bleib ruhig.

Erinnere Dich an dieses Buch und das Kapitel hier (markiere es Dir am besten irgendwie, gelber Haftstreifen oder sowas).

Dann lies das Kapitel nochmal in Ruhe durch und Du wirst Dich erinnern, warum Du jetzt gerade so einen Zwangsgedanken hattest.

Dadurch wirst Du wieder ruhiger und springst nicht erneut panisch schreiend ins Schwarze Loch (dazu in späteren Kapiteln mehr).

Was ist innere Stärke aka Resilienz?

Ich finde, dass es in unserem Schulsystem viele Fächer gibt, die einem nur bedingt etwas für das normale Leben bringen.

Damals im Röntgen Gymnasium in Würzburg, da haben sie uns allerhand Dinge beibringen wollen.

Wenn man dann damals seine 13 Jahre voll hatte (bei mir waren es sogar 14, da ich einmal freiwillig wiederholt hatte…pubertäre Krise) und mit dem Abi gesegnet war, dann wusste man in vielen Bereichen eine ganze Menge, aber so wirklich lebensrelevante Sachen, an die kann ich mich nicht erinnern (außer Sport).

Es hätte ein Fach geben sollen (egal in welcher Schulart), das einem Dinge beibringt, wie:

- Wie füllst Du einen Überweisungsträger aus?
- Welche 20 gesunden Gerichte kannst Du Dir günstig in unter 10 Minuten kochen?
- Wie geht man mit Stress um?
- Welche psychischen Krankheiten gibt es und was kann man in einem solchen Fall tun?
- Wie wird man nicht mediensüchtig?
- Auf was muss man bei einem Mietvertrag achten?

Es gibt so viele Sachen, die man erst nach der Schule lernt. Meistens sind das dann aber die wirklich wichtigen Dinge, die einem Kopf und Kragen kosten können.

Wäre es nicht toll, wenn es ab der 5. Klasse ein Fach geben würde, das einem ausschließlich lebensrelevante Sachen beibringt, ohne Prüfungen, ohne Druck, einfach nur, weil man es braucht und vielleicht gerne wissen möchte, worauf man so im Leben achten kann?

Eine wichtige Frage, über die man mit den Schülern dann sprechen könnte, wäre:

Was ist innere Stärke aka Resilienz?

Die kurze Erläuterung dazu könnte so aussehen?

Unter Resilienz versteht man seelische Widerstandskraft.

Man kann sich das als eine Art mentales Immunsystem vorstellen.

Jedes normale Leben beinhaltet Dinge wie:

- Krisen (Trennung von der ersten Liebe, Scheidung nach 10 Jahren Ehe, ...)
- Schicksalsschläge (schwerer Unfall, durch den man an den Rollstuhl gefesselt wird, Tod eines Angehörigen, ...)

- Herausforderungen (neuer Job mit viel Verantwortung, Umzug in eine neue Stadt, …)
- Ungewisse Lebensumstände (plötzliche Arbeitslosigkeit, als Kind muss man wegen einem Umzug in eine neue Schule, …)

Das alles sind Stressmomente, die Menschen schwer belasten können.

Deshalb ist Resilienz für jeden Menschen eine wichtige Fähigkeit, sodass man eine Krise möglichst gut überstehen kann und vielleicht sogar in der Persönlichkeit gestärkt daraus hervorgeht, damit man wieder ein normales, glückliches Leben führen kann.

Wer ein gutes Immunsystem hat, der wird nicht so oft krank, der kann Infekte besser wegstecken als andere Menschen, deren unsichtbare Rüstung nicht so gut gepanzert ist.

Wer gut ist in Resilienz, der ist wie ein menschliches Steh-Auf-Männchen.

Wenn das Leben einem mit seinen Fäusten aus Schicksalsstahl eine eingeschenkt hat, dann rappeln sich diese resilienten Menschen recht schnell wieder auf.

Sie finden Lösungen, erhalten ihre Zuversicht und ihren Lebensmut und sind dadurch rasch wieder in der Lage, das Leben glücklich weiterzuführen.

Das Gute ist:

Man kann diese innere Stärke lernen und trainieren, sodass man seine mentale Widerstandskraft verbessert.

Das versetzt einen in die erstrebenswerte Lage, Probleme und Herausforderungen besser verarbeiten zu können.

Wir wissen ja bereits, dass Menschen mit Zwangsgedanken diese überlastenden Gedanken haben, wenn das Leben einfach zu anstrengend, ungewiss oder stressig ist.

Wenn es einem Betroffenen gelingt, seine innere Stärke aufzubauen, sodass er mental robuster ist, dann hat das viele positive Effekte, denn

- Zwangsgedanken treten weniger auf (oder gar nicht)
- man kann mit schrägen Gedanken lockerer umgehen, da man ein starkes Vertrauen in sich selbst hat
- man ist zuversichtlich und hat keine Angst vor dem normalen Leben und seinen Herausforderungen, da man darauf vertraut, dass man schon alles gut schaffen wird

Deshalb habe ich mich auch entschlossen, dieses Buch zu schreiben.

Mein erstes Buch „Für-immer-Urlaub-von-Zwangsgedanken" ist eine Hilfe für Betroffene, die in akuter Not sind. Viele Menschen erfahren dadurch eine schnelle Verbesserung von den seelischen Quälereien und schaffen den Absprung von dieser schrecklichen Grübelsucht.

„Hirnabolika" soll den Lesern ein tieferes Verständnis zu dem Thema vermitteln und sie mental so fit machen, dass Zwangsgedanken für den Rest des Lebens kein Problem mehr werden.

Eigentlich warst Du mal ein starker Mensch, oder?

Wenn ich mit einem Klienten spreche und ihn frage, ob andere Menschen ihn jetzt oder früher (vor den Zwangsgedanken) als stark bezeichnen würden, höre ich immer ein JA!

Viele Betroffene erinnern sich gar nicht mehr daran, dass es mal eine Zeit in ihrem Leben gab, in der sie mental unbeschwert und voller Selbstvertrauen waren.

Für Außenstehende sind Menschen mit Zwangsgedanken jedenfalls in aller Regel sehr sympathische, witzige, intelligente, zuverlässige und starke Persönlichkeiten.

Wen wundert es, dass Menschen mit Zwangsgedanken oft im beruflichen und privaten Bereich überdurchschnittlich erfolgreich sind.

Immer wieder höre ich, dass man ja eigentlich allen Grund hätte, richtig glücklich und zufrieden zu sein, ...

wenn da nicht diese Gedanken wären.

Ich frage meine Klienten dannt, ob sie sich selbst vor der Phase der Zwangsgedanken als starke Persönlichkeiten bezeichnet hätten.

Das bestätigt mir ein Großteil.

Und auch jetzt, wo Betroffene oft viele Stunden am Tag unter den Gedanken leiden, bekommt das im Umfeld kaum jemand mit.

Trotz dieser enormen Zusatzbelastung werden die privaten und beruflichen Aufgaben irgendwie gemeistert.

Eigentlich unvorstellbar, welche Kraftreserven da vorhanden sein müssen.

Zusammenfassend kann man sagen, dass Betroffene Zwangsgedanken haben, weil sie einfach zu stark sind.

Sie muten sich zu viel zu und handeln dadurch sich selbst gegenüber verantwortungslos, sodass man sich nicht wundern muss, wenn Zwangsgedanken auftreten.

Warum tun diese geheimen Superhelden das?

Weil sie es können?

Warum sehen sie jedem Gedanken mutig ins Auge, auch wenn sie die Hosen voll haben wegen dem Gedanken?

Weil sie sehr stark und mutig sind.

Aber auch wenn man viel schaffen kann und viel aushält, wenn es reicht und man den eigenen Motor zu lange überdreht hat, meldet sich das Unterbewusstsein mit Zwangsgedanken und sagt, es ist mir alles zu viel.

Die Eigenschaften wie Ehrgeiz und Empathie, die Menschen mit Zwangsgedanken so stark und erfolgreich machen, sind gleichzeitig ihre Stolpersteine, die zu den Zwangsgedanken führen.

Dieses Buch soll dabei helfen, die bereits vorhandene innere Stärke dahingehend zu optimieren, dass man verantwortungsvoller mit seinen Gedanken umgeht.

Wir wollen gemeinsam lernen, die zweifelsfrei vorhandenen Stärken so zu nutzen, dass man keine Probleme mehr mit Zwangsgedanken aka Überlastungsgedanken hat.

Denn nicht jeder Gedanke hat es verdient, weiter gedacht zu werden.

2. Erkenntnisse aus Telefon-Coachings, die Dein Leben verändern können!

Welche Erkenntnisse Du aus meinen Telefon-Coachings unbedingt kennen solltest?

Es gibt Mitglieder meines Online-Coachings DU 2.0, die sich ergänzend noch ein persönliches Telefon-Coaching mit mir wünschen.

In einem solchen Telefon-Coaching besprechen wir individuelle Probleme und finden Lösungen für den Betroffenen.

In diesem Kapitel des Buches geht es nun um Erkenntnisse aus meinen Telefon-Coachings, die Betroffene unbedingt kennen sollten.

Diese Themen sind superwichtig für Betroffene, sodass sie das ganze Wesen der Zwangsgedanken verstehen.

Dieses Verständnis sorgt meiner Erfahrung nach dafür, dass man deutlich entspannter und schneller frei wird von den

Zwangsgedanken und auch seine grundsätzliche Angst vor den belastenden Gedanken verliert.

2 Bereiche der Gedanken

Der 1. Bereich ist das Chaos von Gedanken, die unkontrolliert auftreten.

Wie zum Beispiel sowas …

Du stehst in der S-Bahn, neben Dir steht eine alte Dame. Du hörst Musik, schaust etwas gelangweilt durch die Gegend, als Dir plötzlich und unvermittelt der Gedanke kommt, dass Du der alten Oma beim Rausgehen vielleicht die Handtasche aus der Hand reißen könntest.

Man hat die Frau zuvor nie gesehen. Sie hat einem nichts getan.

Warum also denkt man sowas?

Dieser Chaos-Bereich der unkontrollierbaren Gedanken wird von vielen Faktoren beeinflusst, wie zum Beispiel:

- was sagen andere Personen zu einem, das einen beunruhigt
- was hört man irgendwo (TV, Radio, Internet…)
- wie sieht das Leben im Bereich Beruf-Familie-Freunde aus? Gibt es da Dinge, die einen belasten?
- wie geht es einem körperlich? Ist man krank, verliebt, traurig…
- wie ist das Stresslevel?
- wie geht man grundsätzlich mit Stress um?

Wenn ein Gedanke im Chaos aufgeploppt ist, dann kommt der 2. Bereich ins Spiel.

Hier bewertet man den Gedanken und entscheidet, wie man das Gedachte findet. In dem Bereich macht man eigentlich schon alles richtig, denn man bewertet die Gedanken ja mit:

Mag ich nicht.

Das Problem ist nur, dass man **fälschlicherweise glaubt, man darf die Gedanken aus dem Chaos-Bereich gar nicht denken**.

Jetzt will man etwas kontrollieren, was nicht kontrollierbar ist.

Dadurch bringt man sein inneres Gleichgewicht durcheinander und wo das hinführt, weiß jeder, der einmal an Zwangsgedanken gelitten hat.

Und was kann man da jetzt tun?

Man sollte sich wirklich ganz bewusst machen, dass man keinen (wirklich gar keinen) Einfluss auf seine Gedanken hat.

Das ist auch gar nicht schlimm, denn bei genauerer Betrachtung ist es sogar völlig unbedeutend, wenn man schräge Gedanken hat.

Jeder mental völlig gesunde Mensch, der noch nie Probleme mit Zwangsgedanken hatte, hat hin und wieder solche sehr negativen Gedanken.

Der Unterschied zwischen Himmel und Hölle liegt in der **Bewertung** des Gedachten.

Gesunde Menschen bewerten diese Gedanken schlichtweg nicht weiter tragisch.

Sie sagen sich, so ein Schmarrn. Sie vertrauen sich weiterhin uneingeschränkt selbst und kommen daher gar nicht ins Zweifeln.

Jetzt ist auch klar, warum Zwangsgedanken dann entstehen, wenn man sowieso schon etwas angeschlagen ist durch erhöhten Stress und Überlastung.

Wäre man selbstsicher, entspannt und voller Vertrauen zu sich selbst, dann würde man automatisch nicht so viel grübeln wegen einem schrägen Gedanken, denn der Gedanke trifft auf einen entspannten Menschen und nicht auf ein gestresstes Nervenbündel.

Zusammenfassend kann man also sagen, dass es 2 wichtige Bereiche der Gedanken gibt:

1. Den **Chaos-Bereich**, in dem Gedanken erst einmal unkontrollierbar auftreten
2. Den **Bewertungs-Bereich**, in dem man sich den spontanen Gedanken genauer anschaut und entscheidet, ob man ihn gut findet oder eben nicht

Bitte merke Dir aus diesem Kapitel, dass man für Gedanken aus dem 1. Bereich keine Verantwortung trägt.

Es ist völlig unproblematisch, was man denkt, denn man hat ja keinen Einfluss auf das Auftreten von irgendwelchen Gedanken.

Bisher hat man sich für diese Gedanken immer die Schuld gegeben und wollte ergründen, warum man sowas überhaupt denkt.

Das ist der Versuch, etwas zu kontrollieren, was man nicht kontrollieren kann.

Man will etwas verstehen, was man nicht verstehen kann.

Und ja, wie Du schon vermutest:

Das macht keinen Sinn.

Man läuft einem Ziel hinterher, das man unmöglich erreichen kann.

Das kostet unendlich viel Kraft und die Chancen stehen schlecht, dass man sein Ziel jemals erreichen kann.

Man sollte also lernen, Gedanken aus dem 1. Bereich nicht mehr für bare Münze zu nehmen.

Wenn der 2. Bereich Dir sagt, nein, den Gedanken mag ich aber nicht, dann ist doch schon alles gesagt.

Die Würfel sind für den Gedanken gefallen und Du selbst musst jetzt nur noch lernen, dass man die Freiheit hat, sich nicht mehr mit solchen Zwangsgedanken beschäftigen zu müssen.

Da man kein schlechtes Gewissen mehr haben muss für Chaos Gedanken, kann man auch locker und entspannt sagen:

Nein, ich möchte diesen Gedanken gar nicht aufgreifen. Der Gedanke gefällt mir nicht und daher beschäftige ich mich nicht mehr mit ihm (das nenne ich „positive Ignoranz").

Was ist ein Angstunfall?

Fred (fiktiver Name) ging am Strand spazieren.

Er hatte endlich geschafft, seine Bachelorarbeit fertig zu stellen.

Nun war er tatsächlich studierter Betriebswirt. Wer hätte es gedacht.

Er hatte aber die letzten Monate auch wirklich Gas gegeben und wollte seinen Eltern beweisen, dass er würdig wäre, in das Familienunternehmen einzusteigen und dieses fortzuführen.

Mit dem Studium wollte er alle pubertären Schlachten mit seinen Eltern wieder gut machen. Oh ja, er hatte eine wilde Party Zeit hinter sich gebracht.

Das war auch im Studium nicht anders (eher noch schlimmer), aber er hat das Studium durchgezogen (nicht jeder glaubte daran) und vor allem am Ende wirklich nochmal alles gegeben.

So kam es, dass er einen guten Abschluss hinlegte und sich all die Mühen und der Stress der letzten Monate lohnte.

Seine Eltern waren stolz auf ihn, sagten ihm aber auch, dass erst jetzt der wahre Ernst des Lebens beginnt und er gleich mit einer gehörigen Portion Verantwortung in das Familienunternehmen einsteigen werde.

Sein Vater sagte zu ihm: *„Junge, wir ernähren mit unserem Betrieb die Familien unserer 60 Mitarbeiter und an Dir wird es künftig liegen, dieser Verantwortung gerecht zu werden."*

Doch bevor Fred seinen Job startete, wollte er mit seiner Freundin noch einen tollen Urlaub in der Dominikanischen Republik haben.

Er ist nun 25 Jahre alt und seit 2 Jahren mit seiner Freundin Jessy (fiktiver Name) zusammen.

Sie wollten nach dem Urlaub auch das nächste Beziehungs-Level starten und sich eine gemeinsame Wohnung nehmen.

So lief Fred also am herrlich weißen Sandstrand entlang, genoss dabei die warmen Sonnenstrahlen und blickte auf dieses unerhört blaue Wasser.

In dem Moment kam ein junges Mädchen an ihm vorbeigerannt.

Sie war nackt.

Das ist ja nicht ungewöhnlich bei Kindern, aber irgendwie war dieses Mädchen etwas zu alt dafür.

Wie alt mochte sie gewesen sein? 9, 10 oder vielleicht 11?

Sie kam ihm jedenfalls schon ziemlich groß vor und hatte nicht mehr den komplett kindlichen Körper.

Irgendwas irritierte ihn an dem Anblick und plötzlich gefror es ihm in den Adern.

Hat ihm das nackte Kind etwa gefallen?

Oh mein Gott dachte sich Fred, bin ich pädophil?

So begann die Zwangsgedanken Karriere von Fred.

Als Fred sich einige Monate später an mich wandte, war er völlig mit den Nerven am Ende.

Er konnte seine Freundin kaum noch anschauen, da er sich so miserabel fühlte.

Jedes Mal, wenn er unterwegs war und er ein Kind nur sah, fühlte er sich hundeelend, war voller Panik und hätte sich am liebsten den ganzen Tag eingesperrt, nur damit er diese „gefährlichen Kinder" nicht mehr sehen musste, die ihn in die größte Krise seines Lebens gestürzt hatten.

Glücklicherweise konnten wir die Zwangsgedanken von Fred besiegen, sodass er wieder unbeschwert und entspannt sein konnte und endlich die Energie zur Verfügung hatte, die er als junger Betriebswirt im Familienbetrieb auch brauchte.

Was Fred am Strand passierte, nenne ich einen **Angstunfall**.

Jeder Mensch mit Zwangsgedanken hatte einmal einen solchen Mentalcrash.

In einer Phase, in der man gestresst, verunsichert und erschöpft ist, in der sich größere Veränderungen im Leben ergeben, da kann einen ein seltsamer Gedanke komplett aus der Bahn werfen.

Dieser Gedanke bringt eine Unsicherheit ins Leben, die es zuvor einfach nicht gab.

Plötzlich ist da eine völlig unbekannte Angst.

Diese neue Panik macht eigentlich lächerliche Situationen (z.B. ein Kind steht vor Fred an der Kasse im Einkaufsladen), die einem früher keinerlei Probleme bereitet hatten, zu schier unerträglichen Momenten des Schreckens.

Dabei handelt es sich um einen Angstunfall, denn man hat vor etwas reale Angst, das eigentlich völlig ungefährlich ist.

Früher hatte Fred Kinder kaum bemerkt, in seiner Phase mit Zwangsgedanken war jede Begegnung mit einem Kind so gefährlich, wie ein Freitauchgang mit weißen Haien.

Doch es handelt sich hier um eine Angst, die keine echte Basis hat.

Angst ist ein Naturinstinkt, der uns Menschen das Überleben erleichtert.

Es macht zum Beispiel auf jeden Fall Sinn, vor einem Löwen Angst zu haben.

Die Begegnung mit einem Kind sollte einem Erwachsenen aber keine Sorgen bereiten, da Kinder keine Gefahr darstellen (außer man sieht sie auf einem Friedhof und sie tragen Kuscheltiere).

Durch den Angstunfall aber hat Fred versehentlich eine Angstverbindung in seinem Gehirn geschaffen:

Kind = Gefährlich (denn dann muss man wieder wegen Pädophilie grübeln, man hat ein schlechtes Gewissen, der Tag ist gelaufen etc.)

Diese angstbesetzte Verbindung hat sich durch all das Grübeln, das Zweifeln, das Hinterfragen, das Überprüfen noch massiv verfestigt und verschlimmert.

Man muss daher verstehen, dass man Opfer von ein paar unglücklichen Umständen wurde.

Diese Umstände führten dazu, dass man aus einer momentanen Überforderung heraus eine neue Angst in sein Leben gelassen hat.

Die Lösung suchte man im Grübeln, Analysieren, Hinterfragen und verschlimmerte dadurch alles so sehr, dass die Angst und die Gedanken unkontrolliert das gesamte Leben bestimmen.

Glücklicherweise lassen sich diese Verbindungen auch wieder lösen, sodass man mental wieder frei wird. Aber dazu später mehr.

Was soll man gegen die Angst tun, die oft unterschwellig da ist?

Kennst Du den Baustellen Effekt? (nenne ich zumindest so)

Man fährt auf der Autobahn und dann kommt wieder eine dieser Baustellen, bei denen sich die Straße verengt.

Der Gegenverkehr wird auf Deine Spur umgeleitet und die deutlich schmalere Fahrbahn nur durch eine Betonwand getrennt.

Sehr nah an einem rauscht plötzlich der bedrohlich werdende Gegenverkehr vorbei.

Die eigene Fahrbahn besteht lediglich noch aus 2 Bahnen, die nur noch gefühlt halb so breit sind, wie normalerweise.

Wenn man sich traut und tatsächlich auf der linken Spur durch die unendlich lange Baustelle fährt, dann befinden sich rechts neben einem die Ungetüme von Lkws.

Gleich zur Linken befindet sich diese kleine Betontrennwand und daneben kommen einem ständig in unmittelbarer Nähe Autos entgegen.

Manchmal ist mir das Überholen in dieser Situation echt zu anstrengend und ich klemme mich einfach faul hinter einen Lkw.

Das ist zwar lahm, aber ziemlich entspannt.

Wenn man sich aber für die Variante Überholen entscheidet, dann kann man den Baustellen Effekt an sich beobachten.

Man fährt also wagemutig auf der linken Spur und wenn man einfach fährt, ohne nachzudenken, ob der Platz zur linken und rechten Seite ausreicht, dann fährt man ganz normal und sicher auf der linken Spur an den Lkws vorbei.

Beginnt man jedoch darüber nachzudenken, ob es vielleicht doch gerade zu eng ist und man gleich einen Unfall baut, dann steigt der Stress in einem an.

Man überlegt und prüft ständig, ob man genug Platz nach links und rechts hat.

Und plötzlich fühlt man sich komplett unsicher, wird leicht panisch und man meint, als stünde man gerade kurz vor einem Autobahn-Unfall.

Besser wäre es aber, nicht drüber nachzudenken und sich darauf zu verlassen, dass man das unterbewusst schon alles richtig einschätzt und sicher durch die Baustelle kommt.

Unser Gehirn versteht am einfachsten eine Programmiersprache, in der es 1 und 0 gibt.

Die 1 steht für Ignoranz (von Ängsten und Zweifeln) und stattdessen blind darauf zu vertrauen, dass schon alles passt.

Die 0 dagegen ist das Beschäftigen mit einer Sache. Man konzentriert sich auf eine Sache und denkt darüber nach (im Falle von Zwangsgedanken denkt man voller Angst nach, sodass das Gehirn merkt: Hey, da steckt ne Menge Energie drin, das muss ja wichtig sein).

Egal wie sinnvoll die Erkenntnisse sind, die man sich mühevoll ergrübelt bei diesem Thema, das einem Angst macht, die Angst überwiegt einfach und daher hilft das ganze Beschäftigen einfach nicht und gibt einem keine nachhaltige fühlbare innere Sicherheit.

Will man langfristig erfolgreich mental frei werden, dann muss man mit Strategie (1) arbeiten.

Wenn Du Deinem Gehirn beibringst, dass es keine reale Gefahr gibt, dann verlernt es die Angst auch wieder.

Und das bringst Du Deinem Gehirn bei, indem Du lernst, das unbegründete oder übertriebene Angstgefühl vertrauensvoll zu ignorieren.

Dein Gehirn zeigt Dir quasi in einem solchen Moment auf dem Silbertablett einen nett angerichteten Angstgedanken und sagt zu Dir, schau mal, müssten wir davor nicht leckere Angst haben?

Indem Du diesen Vorschlag Deines Gehirns ignorierst, sagst Du ihm:

„Nein mein guter Helfer, da haste was falsch verstanden, das ist uninteressant und ungefährlich, bleib locker."

Lass Dich von der gefühlten Angst dabei nicht irritieren. Das ist einfach die Sprache, die Dein Gehirn in dem Moment glaubt, sprechen zu müssen (weil es z.B. durch einen Angstunfall versehentlich eine unbegründete Angst entwickelt hat).

Es will ja Deine Aufmerksamkeit, um Dich vor etwas vermeintlich Gefährlichem zu schützen. Die Sprache ist Angst.

Zum Glück lernt Dein Gehirn aber schnell Neues und wird Dir – nach einer Phase der mentalen Neuprogrammierung – bald keine derartigen unnötigen Angstgedanken mehr liefern (bzw. so selten, wie es bei normalen Menschen auch vorkommt).

Du musst ihm nur in der richtigen Sprache antworten.

Denk daran: Seine Sprache ist Angst.

Deine Antwort auf eine unbegründete Angst ist:

Vertrauensvolles Ignorieren. (1)

Was aber machen Menschen mit Zwangsgedanken?

Genau, ganz viel grübeln. (0…bähhhhm)

Das Grübeln allerdings wäre bei einem angstbesetzten Gedanken genau das Falsche, denn das heißt für Dein Gehirn übersetzt:

„Oh ja, das ist wichtig, bleib da am Ball und pass gut auf, das scheint superwichtig zu sein."

Also sprich die richtige Sprache zu Deinem Gehirn und ignoriere fehlgeleitete Ängste, so gibst Du dem Gehirn die Chance, bald wieder einen besseren Job zu machen und keinen unnötigen Kram mehr zu servieren.

Das ist wichtig zu verstehen, denn immer wieder wird mir folgender Prozess geschildert.

Zuerst hilft die Strategie aus dem Buch Für-immer-Urlaub-von-Zwangsgedanken dem Betroffenen sehr gut.

Man lernt, sich von den Zwangsgedanken zu differenzieren und zu verstehen, dass man diese nicht allzu ernst nehmen muss.

Trotzdem stellt man in manchen Situationen noch immer eine innere Anspannung fest und schafft es nicht, diese nachhaltig loszuwerden.

Obwohl einem die Gedanken also in diesen Situationen keine direkte Angst mehr machen, kommt trotzdem diese belastende innere Anspannung, die man sich unterbewusst antrainiert hat.

Das nimmt Betroffenen oft langsam wieder den Mut und die Zuversicht, sodass sie deshalb wieder etwas niedergeschlagener werden.

Was man dagegen tun kann, verrate ich Dir jetzt.

Die Herausforderung ist ja, mit dem latent vorhandenen blöden Gefühl fertig zu werden, das immer dann aufkommt, wenn man mit der angstbesetzten Situation / Person konfrontiert wird, z.B. immer, wenn man seinen Partner, ein Kind oder einfach nur ein gleichgeschlechtliches Wesen sieht, wenn man an Keime denkt oder an magische Verbindungen, die anderen Personen möglicherweise schaden könnten.

Keine Sorge, dieses leicht unterschwellig vorhandene blöde Gefühl hat man nur jetzt gerade. **Es wird nicht ewig bleiben.**

Warum ist denn dann bitte schön dieses nervige Gefühl da?

- Weil man nicht grübelt, obwohl die Grübelsucht (die noch da ist) das gerne hätte
- Weil man noch ein bisschen Restzweifel mit sich herumträgt (was, wenn doch was dran war / darf ich denn wirklich glücklich sein, wo ich doch lauter so Sachen gedacht habe etc.)

In Bezug auf die Sucht hilft es oft schon, wenn man versteht, warum man sich so fühlt. Wenn man den Mechanismus durchschaut, dann nimmt das dem Gefühl die Macht.

In Bezug auf die Restzweifel kann man sich die erwünschte Sicherheit beschaffen, indem man beginnt, sich selbst wieder blauäugig zu vertrauen.

Wem will man sonst vertrauen, wenn nicht sich selbst?

Eigentlich weiß man tief im Herzen doch auch ganz genau, dass man ein guter Mensch ist, nicht wahr?

Wichtig ist von nun an die richtige Programmiersprache für das Gehirn zu kennen und anzuwenden, sobald ein angstbesetzter Gedanke auftritt.

(Der richtige Programmierbefehl ist die 1) Voller Vertrauen und gutem Gewissen positiv IGNORIEREN.

Den Rest macht dann der Computer, äh, das Gehirn meinte ich und löscht all die nicht mehr benötigten, angstbesetzten Gedanken.

Wie soll man mit diesen ständigen Bildern umgehen, die so viel Energie kosten?

Wenn Du das vorherige Kapitel aufmerksam gelesen hast, dann kennst Du eigentlich schon die Antwort auf die Frage, wie man mit diesen ständigen Bildern umgehen soll, die einem das Leben erschweren.

Ja, es nervt, wenn man ständig Bilder hat, die einen belasten.

Sobald man ein Kind sieht, drängt sich das Bild auf, man könnte erregt sein.

Wenn man auf einem Balkon steht, sieht man sich in der Fantasie in den Tod springen.

Schmiert man sich ein Brot in der Küche, spielt sich im Kopf ein Horrorfilm ab, in dem man mit dem Messer unkontrolliert auf seine Frau einsticht.

Du sprichst mit einem Kollegen und in Gedanken schlägst Du ihm eine auf die Nase.

Dieses „Denkflix" Abo würde man gerne abbestellen, findet aber (wie so oft) nicht den „Kündigen" Button.

Keine Sorge, er ist da.

Egal wie verständlich es auch ist, dass man durch die ungeliebten Bilder genervt ist. *Man bekommt sie nicht weg, wenn man sich darüber aufregt, sich überprüft und in stundenlangen Selbstmonologen begründet, dass diese Bilder doch wohl Quatsch sind.*

Du ahnst es sich schon.

Die falsche Programmiersprache.

Man gibt durch dieses Verhalten nämlich viel Energie ins Thema und dadurch wird es stärker, hier also die Bilder, die hochfrequent aufflackern und sich nicht mehr abstellen lassen.

Man muss es genau andersherum machen.

Das weißt Du aus dem letzten Kapitel:

Positive Ignoranz und voller Vertrauen bleiben.

Lass also die Bilder gelangweilt an Dir vorbei spulen, wie die Werbung zwischen einer Soap.

Dann regelt sich das alles wie von selbst und die innere Sicherheit kommt Stück für Stück zurück.

Warum Du manchen Empfindungen nicht trauen solltest?

Hier spreche ich über ein Problem, von dem mir viele Coaching Teilnehmer oft berichten. Ein schambesetztes Thema, das sie besonders schwer belastet.

Deswegen verdient es auch ein eigenes Kapitel.

Es geht um unpassende Gedanken bei einem sexuellen Akt, oft bei einer Selbstbefriedigung.

Holger (Name geändert) hat mir im Telefon-Coaching verraten, dass er Angst davor hat, schwul zu sein.

Er hat sich selbst befriedigt und dabei an seine Freundin gedacht.

Kurz vor dem Höhepunkt jedoch schossen ihm Gedanken von seinem Arbeitskollegen in den Kopf.

Holger meinte zu fühlen, dass der Gedanke ihn erregt und bekam kurz danach seinen Höhepunkt.

Seine Angst davor, tatsächlich schwul zu sein war nun natürlich nochmals größer und belastete ihn schwer.

Immer wieder (monatelang) spielte er die Situation im Kopf durch und versuchte sich zurückzuerinnern, ob er in dem Moment tatsächlich eine Erregung beim Gedanken an seinen Kollegen verspürte.

Es gelang ihm aber nie, eine beruhigende Antwort auf diese schrecklich bohrende Frage zu finden. Egal wie sehr er sich abmühte.

Was tut man also in so einer Situation, in der die Beweise doch klar auf der Hand liegen, oder?

Das sollte man sein lassen:

Dieses permanente genaue Überprüfen, das muss man sein lassen.

Was hat man wie getan?

Was hat man in welchem Moment gedacht und wie hat das einen dann erregt oder auch nicht?

Das sprichwörtlich unbefriedigende Ergebnis:

Man spielt die Situation aus der Erinnerung heraus ständig durch und ist sich nicht sicher, ob einen der unpassende Gedanke nun erregt hat oder nicht.

Oder wenn man eine Erregung verspürte, fragt man sich, warum einen nur solche unpassenden Gedanken (z.B. homosexueller Art) erregen konnten.

Die Folge sind schwere Schuldgefühle, denn man denkt sich, dass es jetzt ja nicht nur ein Gedanke war, sondern auch eine reale körperliche Reaktion.

Man kann meistens mit niemandem darüber reden.

Da das Thema so angstbesetzt ist, treten solche Gedanken nun ständig bei nahezu jedem sexuellen Akt auf, sodass man versucht, sexuelle Aktivitäten lieber gänzlich zu vermeiden.

Keine gute Idee. Ungesund und stressfördernd.

Hinweis:

Es ist klar, dass bei einer sexuellen Aktivität angstbesetzte Gedanken tatsächlich eine Form der Erregung wahrnehmbar machen, da man innerlich dermaßen angespannt und verängstigt ist.

Meist treten die Gedanken sowieso erst ganz kurz vor dem Höhepunkt auf, sodass eine Art ängstliche Fake-Erregung auftritt, die man wahrnimmt und die einen verunsichert.

Der Höhepunkt wäre ohnehin gleich gekommen, egal ob man zusätzlich noch an das angstbesetzte Thema gedacht hätte oder nicht.

Man verbindet dann nur den Gedanken mit dem Höhepunkt und gibt sich die Schuld, dass man wegen dem Gedanken einen Höhepunkt hatte. Das ist aber nicht zutreffend.

Wenn man die mentalen Verbindungen und die Zwangsgedanken gelöst hat, dann treten solche Gedanken auch nicht mehr auf und man kann sexuelle Aktivitäten endlich wieder unbeschwert genießen.

Ein besserer Umgang wäre also:

Man sagt sich selbst:

Mit mir ist alles gut.

Hätte ich Angst davor, auf Kuscheltiere zu stehen, dann würde mich auch der Gedanke an ein Kuscheltier kurz vor dem Orgasmus in eine schwere seelische Krise stürzen.

Klar, das ist absurd.

Doch genauso absurd ist die aktuelle Angst. Nur kann man es vor lauter Angst gerade selbst nicht erkennen.

Man darf realisieren, dass man wirklich einfach nur angstbesetzte Gedanken hat und sich deshalb viele zu viele unbegründete Sorgen macht.

Paradoxerweise fördert man dadurch erst recht solche Angstgedanken.

Es gilt nun, sich selbst zu vertrauen und sich darauf zu besinnen, dass man ein guter Mensch ist.

Diese Wahrheit wird man nun nicht mehr anzweifeln, da man an sich selbst keine Zweifel mehr zulassen wird.

Sage Dir:

„Ich bin ein guter Mensch und mit mir ist alles gut"!

Das akzeptiert man als universelle Wahrheit und wenn man ganz tief in sich hinein hört, dann weiß man, dass man ein guter Mensch ist.

Was einen daran zweifeln lässt sind „nur" Ängste. Aber unter dem Sturm der Ängste, da gibt es diese Wahrheit und wer diese Zeilen liest, weiß, dass ich Recht habe.

Es gibt also angstbedingte Empfindungen, denen sollte man nicht trauen, man braucht sie nicht ernst nehmen, denn sie sind nicht das, was sie zu sein scheinen.

Sie fühlen sich zwar an wie sexuelle Empfindungen, sind tatsächlich aber nur Ausuferungen der Angst und Panik. Man muss diese irrgeleiteten Erregungen ignorieren, denn sie haben keine echte Bedeutung.

Sie sind Irrläufer, da man zu viel Angst, Zweifel, inneren Druck und Stress mit diesem Thema aufgebaut hat.

Mit dem Vertrauen auf diese Tatsache gilt es, diese Empfindungen gedanklich nicht weiter zu verfolgen, sondern sie als unbedeutend zu ignorieren.

Wie man richtig mit all den Triggern umgeht?

Trigger, das ist so ein Wort, bei dem es vielen Betroffenen schon ganz schlecht wird.

Wie soll man mit all den Triggern umgehen?

Wie soll man jemals frei werden und bleiben, wenn immer wieder hinter der nächsten Ecke einer dieser fiesen Trigger lauern kann?

Nun, es geht.

Schau, bei mir ist es so, dass ich jeden Tag mit den unterschiedlichsten Zwangsgedanken „getriggert" werde.

Es macht mir aber nichts aus?

Warum ist das so?

Ich finde, das Märchen von Rumpelstilzchen einen sehr guten Vergleich.

Solange die Prinzessin nicht wusste, wie der Name des kleinen Miesepeters war, hatte sie irre Angst vor ihm.

Aber als sie erfahren hat, dass der Knilch Rumpelstilzchen heißt, da konnte ihr der Fiesling keine Angst mehr machen.

So ist es dann auch mit den Triggern und Zwangsgedanken.

Man hat nun nämlich verstanden, warum die fiesen Gedanken so eine Macht über einen hatten.

Das Problem mit den Triggern kann bei manchen Betroffenen selbst dann auftreten, wenn man schon längere Zeit frei von Zwangsgedanken ist.

Beispiele für externe Trigger aus dem Umfeld sind Dinge, von denen in Nachrichten berichtet wird, z.B. wenn ein Mann seine Familie umbringt.

Oder bestimmte Passagen in Büchern, die eine Angst von früher wieder urplötzlich kurz aufflammen lassen (obwohl man vielleicht vorher schon sehr lange gar keine Zwangsgedanken mehr hatte).

Oder ein Bekannter sagt einen Satz, der einen wunden Punkt trifft und einem ganz plötzlich wieder Angst macht, sodass man geneigt ist, nur mal kurz über das angstbesetzte Thema nachzudenken (Vergiss es, das machst Du bitte nicht).

Wie soll man also mit solchen Triggern umgehen?

Stell Dir vor, jemand war stark übergewichtig und hat durch eine Optimierung seines Alltags (Kaloriendefizit + Bewegung) eine ganze Menge abgenommen.

Wenn er jetzt durch einen externen Trigger wieder in alte Verhaltensmuster verfallen würde, was dann?

Wenn der junge Mann, der jetzt einen sehr gut trainierten Körper aufgebaut hat wieder ins Frustfressen verfällt, da seine große Liebe ihm den Laufpass gegeben hat, was würde dann passieren?

Klar, die negativen Verhaltensweisen (jeden Tag Nachos und Power-Couching) führen wieder zu dem alten Ergebnis.

Gewichtszunahme und Unglücklichsein.

Wer seine Zwangsgedanken überwunden hat, der sollte sich daher bitte Folgendes einprägen.

Es kann sein, dass in der Zukunft wieder durch irgendwelche „Trigger" ein unangenehmer Angstgedanke aufkommt.

Dann sollte man so reagieren:

- Auch wenn man schon lange Zeit keine Zwangsgedanken mehr hatte und es einem super geht, sollte man nicht leichtsinnig werden und meinen, man kann wieder ohne Gefahr in alte (negative) Verhaltensmuster zurückfallen
- Man sollte sich immer Respekt vor dem Schwarzen Loch bewahren, denn durch ungesundes Denken würde man die gleichen Ergebnisse einfahren, wie damals (und das will keiner)
- In einem solchen Moment der kurzzeitigen Angst, sollte man ruhig eine bewusste Entscheidung treffen: Nein, man will und wird nicht mehr in das alte Muster fallen
- Stattdessen wird man die kurze Unsicherheit aushalten und sich bewusst machen, dass Grübeln das Problem ist, keine Lösung
- Gleichzeitig macht man sich bewusst, dass man sich selbst vertraut (ohne das zu hinterfragen, Vertrauen funktioniert nur ohne Kontrolle)
- Wenn einem das gelingt (und das wird es, da es selbst im Moment der Angst nicht mehr so schwer und intensiv ist, wie in der Hochphase der Zwangsgedanken), dann legt sich die erste Angst wieder und man sieht das Problem viel

klarer bzw. macht sich plötzlich schon gar keine Gedanken und Sorgen mehr darüber
- Man hat kurzzeitig seine rationale Entscheidungsfähigkeit verloren, wie in einem Rausch aus Angst. Das macht man sich bewusst und wartet ganz entspannt darauf, dass sich die Angst von ganz allein wieder legt, das wird sie nämlich, solange Du nicht in die alte Falle tappst und darüber nachdenkst.

Was kann man tun, wenn eine Person automatisch Zwangsgedanken bei einem auslöst?

Mich erreichen immer wieder Zuschriften von Betroffenen, die mir erläutern, dass es ihnen im Prinzip schon deutlich besser geht als früher.

Die unkontrollierten Zwangsgedanken und Panikanfälle sind abgeklungen und man kann schon ziemlich frei leben.

Aber in manchen Situationen kommen automatisch so nervige Anspannungsgefühle auf. Man fragt sich dann, warum das so ist und was man dagegen machen kann?

Dieses Problem erkläre ich anhand eines Beispiels.

Katha (Name erfunden) hatte lange Zeit als Zwangsgedanken Nummer 1 Angst, dass sie ihren Sohn Stefan (auch der Name ist erfunden) nicht lieben könnte.

Deswegen horchte sie ständig in sich hinein, ob da was dran ist.

Zwischenzeitlich hat sie gelernt, dass sie mit gutem Gewissen nicht mehr auf die Gedanken einzugehen braucht .

Aber immer wenn sie ihren Sohn ansieht, fühlt sie sich so komisch angespannt und ist leicht verkrampft. Sie beginnt deshalb nicht zu grübeln, aber sie wäre viel lieber unbeschwert und ganz locker, wenn sie mit ihrem kleinen Sohn Stefan Zeit verbringt.

Sie fragt sich deshalb nun, ob sie vielleicht nichts für ihren Sohn empfindet.

Sie quält sich mit dem Gedanken, ob sie Stefan nicht haben will, weil er sie vielleicht überfordert und sie deswegen diese Gedanken und Gefühle hat?

Sie hat wegen ihren Zweifeln große Schuldgefühle.

Deshalb fragt sie sich manchmal sogar, ob ihr kleiner Junge möglicherweise bei Pflegeeltern besser aufgehoben wäre und es sinnvoll sein könnte, wenn er woanders aufwächst?

Da sie ihren Stefan aber doch eigentlich über alles liebt, verzweifelt sie an diesen Gedanken und ist durchtränkt von Trauer und Schuldgefühlen.

Warum hat Katha diese Gedanken und was sagen sie aus?

Da sich die Zwangsgedanken auf den Sohn beziehen, kann sie sich sicher sein, dass sie ihn ganz doll liebt, denn Zwangsgedanken suchen sich mit Vorliebe die Menschen und Themen aus, die uns am kostbarsten sind.

Wie ist das ganze Problem bei Katha entstanden?

Alles begann damals mit einem angstbesetzten Gedanken in Bezug auf ihren Sohn.

Sie las in einem Magazin, dass manche Mütter ihre Kinder nicht richtig lieben können.

Diese Vorstellung fand sie als frischgebackene Mama ganz schlimm.

Sie versuchte sich deshalb vorzustellen, wie sowas überhaupt sein kann. Diese Vorstellungen machten ihr dann aber große Angst, denn sie war sich nun irgendwie nicht mehr ganz sicher, ob es auch bei ihr Anzeichen dafür geben könnte, dass sie ihren Sohn nicht richtig liebt.

Sie wollte sich beweisen, dass die Angst unbegründet war, denn sie liebt doch ihren Sohn über alles. Deshalb musste sie dann ständig darüber nachdenken, sich versichern, sich testen. Stets auf der Suche, die innere Sicherheit wieder herzustellen.

Was ist dadurch passiert?

Das Gehirn hat eine automatische Verbindung geschaffen, die da heißt: Sohn = Gefährlich (da angstauslösend).

Diese Verbindung ist entstanden, weil Katha lange Zeit angstbesetze Gedanken in Bezug auf Stefan hatte.

Wenn Katha nun also ihrem Sohn begegnet, dann aktiviert das Gehirn ganz automatisch einen Angstmodus, in dem man sich fühlt wie eine Antilope, die plötzlich einige Meter entfernt im hohen Gras einen Löwen anschleichen sieht.

Glücklicherweise können solche Verbindungen aber auch wieder verschwinden.

Wie geht das?

Man lernt seinem Gehirn, dass es sich hier um einen Interpretationsfehler handelt, eine fehlerhafte Verbindung.

Denn in Bezug auf das angstbesetzte Objekt braucht man tatsächlich gar keine Angst haben, da von dem Sohn schlicht keine echte Gefahr ausgeht. Da gibt es keinen Löwen, vor dem man berechtigterweise Angst hat.

Hier kommt nun eine **zusammengefasste Handlungsempfehlung.** Diese ist bezogen auf das Beispiel mit Katha. Du kannst sie aber problemlos auf Deine Situation übertragen. Jedenfalls kann man damit seinem Gehirn zeigen, dass es sich um eine versehentlich bestellte Angstpizza handelt:

- Katha sieht ihren Sohn
- Sie hat automatisch ein beklemmendes Gefühl
- Künftig geht sie nun fest davon aus, dass dies die missinterpretierte Angst ist
- Katha beschäftigt sich nicht weiter damit (keine Fragen mehr wie, warum denke ich das, geht das mal weg ...)
- Sie meidet Situationen mit ihrem Sohn nicht, denn sie möchte sich beweisen, dass alles gut ist und es keinen Grund zur Sorge gibt

So lernt man dem Gehirn, dass das Thema nicht interessant ist und es keinen Grund mehr für das fehlgeleitete Angstempfinden gibt.

Unser Gehirn ist sehr lernfähig, sodass es zwar immer wieder mal solche beklemmenden Gedanken sendet, aber durchaus mit der Zeit lernt, dass es damit aufhören kann.

Durch das positive Ignorieren der Anspannung im Wissen, dass es keine Gefahr gibt, schenkt man dem Thema keine Energie mehr.

Bisher hat man genau das Gegenteil gemacht.

Durch das Grübeln wurde dem Thema früher nämlich sehr viel Energie gesendet, sodass das Gehirn denken musste, das Thema sei sehr wichtig.

Als Folge wurden immer mehr solcher Gedanken eingespielt.

Jetzt vertraut Katha darauf, dass sie ihren Sohn liebt und alles gut ist. Vertrauen ist das Gegenteil von über etwas nachdenken (zu müssen).

Sind Rückfälle in der Zukunft möglich?

Manchmal erreichen mich verzweifelte Zuschriften von Klienten, die eigentlich schon frei waren von Zwangsgedanken.

Sie schreiben mir, dass aufgrund von einer Überlastungssituation im Leben, wie zum Beispiel

- Krankheit eines Angehörigen
- Neue Partnerschaft
- Neuer Job
- Schwangerschaft

die eigentlich schon besiegten Zwangsgedanken plötzlich wieder da sind.

Das frustriert Betroffene sehr, da sie ja wirklich monatelang oder jahrelang komplett frei waren.

Nun haben sie Angst, dass der ganze Sch... wieder von vorne beginnt.

Zurecht?

Nein.

Ganz klar. Nein.

Warum?

Wer es einmal begriffen hat, umgesetzt hat und frei war, der kann es wieder.

Klar, manchmal kann das Leben einem phasenweise wirklich übel mitspielen.

Wenn dann Zwangsgedanken auftreten, dann will einem das Unterbewusstsein einfach nur mitteilen:

Hey mein Freund, mir ist das jetzt echt zu viel alles, mir geht es nicht gut.

Mehr ist das nicht.

Das ist die eigentliche Botschaft hinter den schrägen und belastenden Gedanken.

Es ist falsch, sich nun verzweifelt auf die Inhalte der Zwangsgedanken zu fixieren und diese verstehen zu wollen.

Richtig ist, sich zu fragen, was man aktiv gegen die Probleme im wirklichen Leben tun kann?

Manches kann man ändern.

Anderes muss man aushalten und daran wachsen.

Es ist kein Drama, wenn aus verständlichen Gründen mal ein Zwangsgedanke auftritt. Deshalb nenne ich diese Gedanken auch **Überlastungsgedanken** (das hört sich gleich weniger dramatisch an).

Erinnere Dich bitte:

Jeder gesunde Mensch hat hin und wieder sehr negative Gedanken.

Auch hier sind Auslöser oft Stress und innere Unsicherheiten. Aber die Bewertung ist anders. Die Reaktion darauf ist ruhiger, gelassener und ignoranter (so ein Blödsinn, denkt sich der gestresste „Normalo").

Es ist völlig okay, nicht jeden Hirnschiss mit Aufmerksamkeit zu belohnen, die er gar nicht will. Er will doch nur mal da sein, der Gedanke, nur mal abspacken, weil es halt eben gerade etwas anstrengend ist für Dein Unterbewusstsein. Deswegen muss er mal raus und etwas Druck denkschreien. Dann ist auch wieder gut.

Gerade Menschen, die intelligent, ehrgeizig und zuverlässig sind, über ein ausgeprägtes empathisches Wesen verfügen und sich in alles Mögliche reindenken können (und gerne mal übertrieben reinstressen), die haben vermehrt solche Abspackgedanken.

Kein Grund zur Sorge. Kein Grund, diese Gedanken zu hinterfragen. Sie sind nichts Wichtiges und wollen das auch nicht sein.

Sie sind sozusagen Abfallprodukte Deines hochfrequent laufenden Verstandes, die Dir sagen… mach auch mal wieder ein bisschen langsam und gönn uns (also Dir und Deinem Unterbewusstsein) bitte etwas mehr Ruhe und Gelassenheit.

Meine Söhne würden sagen: Chill mal Alter.

Wie kann man dauerhaft innere Sicherheit erreichen?

Jeder Mensch mit Zwangsgedanken wünscht sich dieses Stadium:

Innere Sicherheit.

Ruhe und das Wissen, dass alles gut ist.

Wenn man dieses Ziel dauerhaft erreichen möchte, dann muss man sich ein Prinzip der höheren Wahrheit erschaffen.

Die höhere Wahrheit, das Gute, die Sicherheit, das muss man selbst sein.

Wenn Du als Profi beim FC Bayern München Fußball spielst, dann weißt Du über Dich selbst, dass Du ein hervorragender Fußballer bist.

Wenn irgendwelche Leute zu Dir sagen, Du wärst schlecht in Fußball, dann kannst Du diese Idioten nur müde belächeln.

Du weißt ja ganz genau, dass Du gut bist.

Und genau dieses Wissen brauchst Du über Dich selbst auch in Bezug auf negative Gedanken.

Du musst über Dich selbst wissen, dass Du ein guter Mensch bist.

Was Dir irgendwelche schrägen Gedanken einreden wollen, darüber solltest Du nur müde lächeln.

Es ist so wichtig an sich selbst zu glauben und **durch diesen Glauben seine Sicherheit zu erlangen** (bisher wollte man die innere Sicherheit durch Grübeln erlangen).

Jetzt wirst Du vielleicht denken, ja aber wie soll ich denn sicher sein, dass ich ein guter Mensch bin und es sich lediglich um verwirrte Gedanken handelt?

Schauen wir uns das mit dem Vertrauen doch mal genauer an.

Ich sage Dir, dass Du Dir blind vertrauen musst, wenn Du wirklich frei werden willst von Zwangsgedanken.

Das mag für Dich aktuell vielleicht völlig irrwitzig klingen, aber ist es nicht immer so mit dem wirklichen Vertrauen?

In einer Liebesbeziehung, da sollte man seiner Partnerin blind vertrauen.

Das bedeutet, man will daran glauben, dass die Partnerin gut zu einem ist, treu, offen, ehrlich und so weiter.

Kann man wirklich wissen, ob das den Tatsachen entspricht?

Wissen? Nein.

Glauben. Ja.

Wenn man es wissen will, dann beginnen die Probleme.

Man glaubt nicht blind, sondern man braucht Beweise, man kontrolliert.

Warum tut man das?

Vermutlich aus Angst und Unsicherheit, nicht wahr?

Und damit fängt man unbeabsichtigt an, die Leichtigkeit der Liebe und Partnerschaft zu belasten, obwohl man sich doch genau das Gegenteil wünscht:

Eine unbeschwerte und glückliche Beziehung.

Ist es bei den Zwangsgedanken denn großartig anders?

Da sind Gedanken, die einem Angst machen.

Anstatt sich selbst zu vertrauen und daran zu glauben, dass schon alles gut ist und gut sein wird, hinterfragt man sich selbst, kontrolliert und zweifelt.

Unbeabsichtigt beraubt man sich selbst dadurch der Leichtigkeit des Lebens und raubt sich selbst die innere Sicherheit.

Es ist also sehr wichtig, sich selbst wieder blind zu vertrauen.

Wenn einem das wieder gelingt, dann spielen einzelne kleine angstbesetzte Gedanken keine Rolle.

Es ist normal, dass man es hin und wieder mit Gedanken voller Angst und Zweifel zu tun hat. Das geht jedem Menschen so.

Das ist aber nicht schlimm, denn die übergeordnete Wahrheit überstrahlt alles.

Was aber ist diese übergeordnete Wahrheit?

DU BIST GUT.

Einzelne seltsame, angstbesetzte oder zweifelhafte Gedanken ändern an dieser Wahrheit nichts.

Wie war es denn früher zu den Zeiten, in denen Betroffene sehr unter den Zwangsgedanken gelitten haben?

Wenn man einen Gedanken hatte, der einem große Angst machte, dann strebte man intensiv nach innerer Sicherheit.

Diese Sicherheit wollte man erreichen, indem man über das angstbesetzte Thema nachgedacht hat.

Dadurch machte man es aber nur schlimmer.

Man beschäftigte sich nämlich mit einem angstbesetzten Thema (was ja nicht gerade schön ist) und es dauert sehr lange und erforderte viel Grübelenergie, damit man wieder einigermaßen ein Gefühl der inneren (Halb)Sicherheit hatte.

Man kam dann zu einem Ergebnis, das ungefähr so lautete:

Eigentlich müsste doch alles okay sein.

Das Problem ist, man beschäftigt sich so lange und intensiv mit dem Thema, dass man dem Gehirn beibringt, das Thema wäre wichtig und dadurch achtet das Gehirn verstärkt darauf.

Wie wenn eine Erzieherin plötzlich auf die Idee kommt, dass sie vielleicht pädophil sein könnte.

Nach vielen langen und anstrengenden Grübelstunden stellt die Erzieherin dann fest, dass sie schon unsicher und angespannt ist, wenn sie nur ein Kind sieht.

Das verunsichert sie dann natürlich noch mehr.

Man hat sich versehentlich beigebracht, dass Kinder gefährlich sind wie Löwen.

Diese ständige Unsicherheit beim Anblick von Kindern löst bei der Erzieherin den Grübelimpuls immer wieder aus, aber es wird nur schlimmer dadurch, weil man sich mehr und mehr angstbesetzt damit beschäftigt und es völlig unmöglich wird, überhaupt noch innere Sicherheit bei dem Thema zu spüren.

Damit man die ersehnte innere Sicherheit endlich wieder zurückbekommt, müsste man sich *weniger damit beschäftigen und dem Gehirn beibringen,* dass es nur ein Fehlalarm war und es keine Angst vor Kindern haben braucht.

Das macht man am besten, wenn man bewusst beschließt (man kennt ja nun die Mechanismen des Gehirns), nicht mehr darüber nachzudenken.

Dadurch lernt das Gehirn, das Thema ist unwichtig, also löschen.

Aber was tun mit der Unsicherheit, die man spürt und die noch eine Weile da ist?

Einfach aushalten reicht oft nicht ganz.

Man braucht einen starken Ersatz für das Grübeln, mit dem man ja seine innere (Halb)Sicherheit erreichen konnte. Das war zwar nicht die komplette innere Sicherheit, aber immerhin etwas.

Deswegen ist das Vertrauen in sich selbst so wichtig.

Darüber kann man sich innere Sicherheit, Mut und Zuversicht ziehen, wenn man es aufgrund eines Angstgedankens bitter nötig hat.

Das Vertrauen muss blind sein, komplett ohne Überprüfungen und ohne zu grübeln, damit man keine negative Energie mehr mit dem Thema aufbaut und sich trotzdem sicher fühlt.

Ist es denn wirklich so abwegig sich selbst zu vertrauen?

Wem soll man auf dieser Welt denn vertrauen, wenn nicht sich selbst?

Man kann sich bei gefühlter Unsicherheit folgenden Leitsatz sagen:

Ich vertraue mir selbst, ich bin ein guter Mensch und die Gedanken sind nur ein Angstunfall.

Das lässt man so stehen.

Man fragt sich nicht: Ja, aber warum denke ich das?

Man erläutert sich auch keine weiteren „beruhigenden" Dinge wie:

Ich liebe doch meine Partnerin…

Ich stehe doch nicht auf Kinder…

Ich hatte doch nie homosexuelle Gedanken…

Denn bei diesen vermeintlich gut gemeinten Versuchen, sich selbst zu beruhigen, kann man keine Sicherheit spüren, denn man ist viel zu viel von Angst durchflutet.

Das sich nicht einstellen wollende Sicherheitsgefühl irritiert einen aber, sodass man dazu tendiert, immer mehr zu grübeln und dabei nur immer mehr Angst empfindet.

Gelingt es den Satz:

Ich vertraue mir selbst, ich bin ein guter Mensch und die Gedanken sind nur ein Angstunfall…

so stehen zu lassen, dann klingt die Angst mit der Zeit ab und man beruhigt sich von ganz alleine, ohne dass man darüber nachdenken müsste.

Ist ja auch klar, dass man sich ohne das Nachdenken auch wieder beruhigt, denn es geht um Dinge, die man ganz automatisch tief in sich drin weiß. Man kommt am Ende der Grübelorgien doch schließlich auch zu der (Halb)Sicherheit, dass alles gut sein müsste.

Wenn man sich nun dazu entschließt, das Grübeln durch eine andere und gesündere Strategie zu ersetzen, ist es sehr wichtig, dass man der Angst und den Zweifeln als Gegengewicht blindes Vertrauen in sich selbst entgegensetzt.

Tut man das nicht, wird der Drang zu grübeln oftmals immer größer, da das Gegengewicht fehlt (das war bisher das Grübeln, das aber nicht die gewünschten Ergebnisse liefern konnte).

Mit der Zeit verschwindet die Angst und man sieht wieder von ganz allein klar und die innere Sicherheit ist so selbstverständlich vorhanden, wie sie früher einmal war.

Jemand, der heute noch unter dem Zwangsgedanken leidet, er könnte schwul sein, der hatte früher oft gar kein Problem in einer Männerumkleide.

Er konnte sich völlig ohne Hintergedanken die anderen Männer anschauen und hatte in dem Moment keinerlei Angst oder Unsicherheit.

Erst durch einen Angstunfall kam etwas durcheinander, sodass diese natürliche Unbeschwertheit in der Männerumkleide nicht mehr möglich war.

Lernt der Betroffene aber, dass es sich um einen unwichtigen Angstunfall handelte, dann löscht das Gehirn mit der Zeit diese Ängste, weil es effektiv arbeitet und unwichtige Dinge einfach gerne entsorgt.

Mit der Zeit wird der Betroffene wieder unbeschwert in einer Männerumkleide sein können und es macht ihm nichts mehr aus, andere Männer in der Umkleide zu sehen. Es wird sein wie früher.

Also, deshalb schließe dieses Kapitel ab, indem Du diesen Satz jetzt einmal laut zu Dir selbst sagst und ihn immer sagen wirst, wenn Dich in der Zukunft ein negativer Gedanke verängstigt (egal wie sinnvoll, möglich oder eventuell realistisch er sich anfühlt):

Ich vertraue mir selbst, ich bin ein guter Mensch und die Gedanken sind nur ein Angstunfall.

Das war es, mehr wird nun zu dem Gedanken nicht mehr nachgedacht und man holt sich die innere Sicherheit über blindes Vertrauen zu sich selbst.

3. Was ist die innere Waage, die jeder Mensch in sich trägt?

Was ist die innere Waage in Dir?

Im letzten Kapitel ging es darum, Zwangsgedanken und den Umgang damit noch besser zu verstehen.

In diesem Kapitel gehen wir nun in die Vorsorge.

Ich liebe Nachos mit Käsesauce (wie einige meiner treuen Newsletter Leser sicher schon wissen).

Wenn dieses Werk der Götter bei mir im Haus ist, dann ist es schier aussichtslos und nahezu unmöglich, dass ich nicht darüber herfalle und keine Ruhe gebe, bis auch der letzte Nacho in Käsesauce ertränkt und genüsslich verspeist wurde.

Habe ich aber erst gar keine Nachos bei mir im Haus, dann ist es gar nicht schlimm für mich.

Darum soll es in diesem Kapitel gehen.

Wenn Du künftig erst gar keine sporadischen Zwangsgedanken mehr bekommst, dann wirst Du auch nicht Gefahr laufen, versehentlich wieder in die Grübelfalle zu tappen.

Wir arbeiten also an zwei Fronten.

Du weißt nun einerseits was zu tun ist, wenn Du in der Zukunft, in der Du schon längst mental frei bist, unerwartet einen Zwangsgedanken eingespielt bekommst.

Andererseits arbeiten wir nun aber auch vorsorglich daran, Dich so vorzubereiten, dass Du möglichst wenige Zwangsgedanken (oder nennen wir sie negative Gedanken, die jeder normale Mensch hin und wieder hat) eingespielt bekommst.

Du bist jetzt also ein Zwangsgedanken Schwarzgurt, aber trotzdem gehen wir dem Ärger entspannt aus dem Weg.

Wir können zwar kämpfen, aber wir führen am besten erst gar keine unnötigen Kämpfe, denn so machen das echte Martial äh Mental Artists.

Wie Du weißt, sind Menschen mit Zwangsgedanken eine Art Superheld, echte Leistungsmenschen eben.

Sie sind in der Lage viel zu leisten und liefern im Privaten, auf der Arbeit oder im Sport überdurchschnittliche Ergebnisse.

Das wissen sie auch. Sie wissen, dass sie was draufhaben und viel leisten können.

Das führt oft dazu, dass man zu viel Power gibt und dabei regelmäßig über seine Grenzen geht.

Man ist eher hart zu sich selbst und hat ein schlechtes Gewissen, wenn man sich etwas gönnt oder mal ein bisschen langsamer macht.

Wenn etwas nicht optimal läuft, dann fällt es ihnen schwer locker zu bleiben und man sieht reflexartig viele Dinge zu verbissen. Das führt dazu, dass man öfters mal ziemlich unter Strom steht und dann auch gereizt (über)reagiert.

Das gilt es abzulegen. Man muss lernen, besser auf sich zu achten (Selbstfürsorge).

Stell Dir vor, Du hast ein Level 0.

In diesem Level 0, da bist Du ausgeglichen, entspannt, glücklich und zufrieden.

Dieses Level 0 ist also ein Zustand, den man gerne beibehalten möchte.

Es gibt aber Faktoren, die ziehen Levelpunkte ab, sodass man ins Minus rutscht.

Diese negativen Levelpunkte können z.B. sein

- Überforderung auf der Arbeit durch zu wenig Personal
- Eine neue Arbeitsstelle, bei der man nicht weiß, ob man ihr gewachsen ist
- Neue Partnerschaft
- Familienprobleme
- Krankheit eines geliebten Menschen
- Finanzielle Sorgen
- Stressiger Alltag aus Familie und Job ... usw.

All diese negativen Levelpunkte bringen Dein Levelguthaben ins Minus. Und wenn Du tief ins Minus rutscht, dann treten vermehrt Zwangsgedanken auf.

Es ist doch einleuchtend, dass man nicht immer nur abheben kann (so ein Konto hätte ich auch gerne). Man muss auch mal einzahlen, denn das Levelkonto ist Dein inneres Wohlfühlkonto.

Wer nur abhebt, der erntet von seinem Unterbewusstsein bald mal ein paar Zwangsgedanken.

Dabei handelt es sich einfach um Überlastungsgedanken, die uns darauf hinweisen sollen, dass etwas nicht passt. Sie sind der

Banker, der uns genervt anruft und uns mitteilt, dass unser Konto viel zu weit im Minus ist und dringend etwas passieren muss.

Daher sollte man diese Zwangsgedanken als Warnung annehmen und beachten.

Es geht nicht darum, die Inhalte der Gedanken zu betrachten, sondern vielmehr das schiere Auftreten solcher Gedanken.

Unser Unterbewusstsein sendet sie uns als unüberhörbare Mitteilung und sagt uns damit:

Hey, mir ist das alles zu viel, ich brauche mehr positive Levelpunkte und möchte endlich wieder Richtung Level 0. Schluss mit der Abheberei, jetzt will ich Einzahlungen mein Freund.

Betroffene sollten sich daher gut merken, dass man die Zwangsgedanken als Warnzeichen (eine Art Selbstschutz) identifizieren sollte.

Die Inhalte sind egal, sie sind nur nervig, belastend und verstörend. Das müssen sie aber auch sein, sonst würden wir die Hilferufe des Unterbewusstseins nur wieder ignorieren.

Wichtig ist daher, dass man den Blick weg von den Inhalten der Gedanken richtet. Man sollte sich fragen, was belastet mich vielleicht, welches Problem habe ich, was kann ich dagegen tun?

Tue ich genug für mich und was kann ich aktiv machen, um mein inneres Wohlfühlkonto mal wieder aufzufüllen? Darum geht es im kommenden Kapitel.

Wie kannst Du Deine innere Waage ausbalancieren?

Du weißt nun, dass Du Deine innere Waage am besten auf Level 0 ausbalancieren solltest.

In diesem Kapitel geht es um Tipps und Ideen, die Betroffenen dabei helfen können, positive Levelpunkte einzuzahlen.

Grundsätzlich wichtig zu verstehen ist, dass es völlig in Ordnung und sogar sehr wichtig ist, einfach mal faul zu sein.

Gerade Menschen mit Zwangsgedanken haben immer 1001 Sachen im Kopf und zig Missionen, die es noch zu erfüllen gilt. Vielen Betroffenen fällt es schwer, einmal nicht Vollgas im Leben zu geben.

Für die eigene mentale Gesundheit und das langfristige Leistungsvermögen ist es aber sehr wichtig, dass man sich diese Auszeiten regelmäßig gönnt.

Man sollte daher mit gutem Gewissen und ganz bewusst

SICH SELBST

etwas gönnen.

Hier findest Du eine Liste mit Ideen und Beispielen, die auf das persönliche Wohlfühlkonto einzahlen können:

- Lieblingsserie auf Netflix schauen
- Spazieren und gedankenlos die Umwelt beobachten
- Beim Sport auspowern
- Die Zubereitung des Morgen-Kaffee's zelebrieren und den aromatischen Bohnenduft ausgiebig inhalieren
- Mama Mia, Essen, denn Liebe (und Glück) gehen bekanntlich durch den Magen
- Ein besonderes Rezept mit frischen Zutaten vom Markt kochen
- Autozeitschriften lesen und gedanklich Benzin ins Blut pumpen
- Mit Kindern ausgelassen toben und Quatsch machen
- Alte Hobbys wieder neu beleben
- Herausforderungen auf der Arbeit mit Entspannung und Freude meistern
- Mit Freunden treffen und gute Gespräche führen, etc.

Das bewusste Wahrnehmen der inneren Waage und die Pflege des eigenen Wohlfühlkontos sind ein lebenslanger Prozess, der viel Freude und Erfüllung schenkt.

Je mehr man leistet im Alltag, umso mehr muss man auf sich achten und die innere Waage immer mal ein bisschen - je nach Lebensphase - ausgleichen.

Sollte man dann versuchen Stress komplett zu vermeiden?

Nein, denn Stress bringt uns auch in Schwung und macht uns leistungsfähiger. Stress ist somit nicht ungesund, solange er nicht dauerhaft stattfindet.

Wir sollten also versuchen gelassener mit Stressempfinden umzugehen. Es ist hilfreich, wenn man Prioritäten setzen kann und in stressigen Phasen gelassen bleibt.

Mir hilft es sehr, wenn ich mir folgenden Leitsatz in Erinnerung rufe:

Ich vertraue darauf, dass ich schon alles schaffen werde, wenn ich ruhig und konzentriert arbeite.

Es hilft mir sehr, wenn ich mir einige wenige, dafür aber erfüllbare Ziele für den Tag setze.

Folgende Strategien unterstützen mich im Alltag

- Ich hole mir Hilfe, wenn ich sie brauche (kein falscher Stolz)
- Ich delegiere Aufgaben an Andere, die mir helfen können
- Ich kalkuliere Fehler ein und erwarte von mir keine Perfektion
- Ich setze mir lieber weniger Ziele für einen Tag und habe dafür die Chance, diese auch tatsächlich zu erreichen
- Ich konzentriere mich bei der Arbeit und lasse mich nicht ablenken

Wichtig ist stets:

Denke so wenig wie möglich, denn das bringt Dich in der Wirklichkeit nicht weiter. Keiner Deiner Gedanken bewirkt etwas in der wahren Welt.

Stattdessen kommst Du ins Handeln und setzt um.

Dinge, die Du aktiv angehst und umsetzt, die bewirken etwas in Deiner Welt.

Glück kann man nicht erdenken, Unglück schon.

Handlungen und Taten sind es, die Dich glücklich und zufrieden machen.

Ist man denn nun als Betroffener eigentlich schwach und kann nicht mit Stress und schwierigen Momenten umgehen?

Nein, man ist sogar überdurchschnittlich stark und kann mit Stress sehr gut umgehen.

Das führt aber dazu, dass man sich selbst sehr viel aufhalst und dadurch einfach viel Stress und einige Herausforderungen in seinem Leben hat.

Das wiederum begünstigt die Zwangsgedanken. Daher muss man lernen, die innere Waage zu spüren und besser auf sich aufzupassen (ja, man ist ein Superheld, aber auch die haben Schwächen und Bedürfnisse).

Was hilft mir persönlich dabei runterzukommen und Anspannungen abzubauen?

Ein Beispiel.

Ich fahre regelmäßig gerne mit dem Fahrrad in die Arbeit. Das sind 36 km hin und zurück.

Ich habe das Glück, dass ich einen Teil der Strecke an einem Fluss entlangfahren kann.

Morgens scheint dort die Sonne besonders intensiv und spiegelt sich im Wasser des Flusses.

Da ich ziemlich früh fahre, ist es noch etwas kalt, ich friere aber nicht, denn die arbeitenden Muskeln wärmen mich.

Nebel liegt auf dem Wasser, über das die Enten fliegen. Ab und zu sieht man einen Fisch, der an der Wasseroberfläche kleine Wellen schlägt.

Dabei höre ich auf Kopfhörern meine liebste Trainingsmusik.

Das ist für mich Entspannung pur. Wenn ich dann nach etwa 50 Minuten beim Büro ankomme, bin ich glücklich und zufrieden.

Ich bin energiegeladen und freue mich tierisch auf meinen Kaffee.

Was hilft Dir dabei, Dich auszupowern oder positive Energie aufzuladen?

Erstelle Dir am besten eine kleine Liste von Dingen, die Du liebst und die Dir guttun.

Das ist wie ein kleines Rezeptbuch für Dich. Daraus kannst Du immer Ideen für Aktivitäten sammeln, die Dich mit positiven Levelpunkten aufpowern.

Übrigens, wichtig ist auch das Thema Schlaf.

Wenn man sich schlecht fühlt, genervt, gestresst oder überlastet ist, dann kann das auch einfach an zu wenig Schlaf liegen.

Das sollte man nicht unterschätzen.

Viele Dinge, die Du im ausgeschlafenen Zustand mit der linken Popobacke abfrühstückst, führen Dich im übermüdeten Zustand an den Rand eines Wutausbruchs und stressen Dich sowas von.

Deshalb solltest Du auch darauf achten, dass Du ausreichend schläfst. Erwachsene sollten 7-9 Stunden schlafen, sodass sie fit und voller Power sind.

Ich muss gestehen, das schaffe ich leider oft nicht, es geht eher so in Richtung 5-6 Stunden bei mir. Von Montag bis Mittwoch geht das auch ganz gut.

Wenn ich mich dann aber ab Donnerstag oder Freitag dabei ertappe, gestresst und schlechtgelaunt zu sein, dann weiß ich, woher das kommt.

Ich kann die negativen Wahrnehmungen entsprechend interpretieren und durch ein Plus an Schlaf und Ruhe ausgleichen, sodass meine innere Waage wieder zufrieden ist.

Welche To-Go Übung stärkt meine positiven Gedanken und Gefühle?

Menschen mit Zwangsgedanken müssen wieder lernen, mehr positive Gedanken und Gefühle zu erleben.

Wer immer nur Mist isst, wird dick.

Wer immer nur Mist denkt, wird unglücklich.

Mit dieser simplen Übung kannst Du Dich schnell richtig gut fühlen:

1. Erinnere Dich an einen Moment, in dem es Dir richtig gut ging. Ich denke zum Beispiel an meine jungen 20er Jahre, als ich an einem herrlichen Sommertag mit meinem BMW Z4 über die Landstraßen in den Weinbergen gefahren bin und frei wie ein Vogel war. Es gab damals keine Zwangsgedanken in meinem Leben und keine nennenswerten Sorgen. Suche Dir einen persönlichen Moment, in dem Du Dich erfolgreich, glücklich, geliebt und unbeschwert gefühlt hast.
2. Schaffe Dir zu dieser Situation ein inneres Bild. Wo bist Du in der Situation? Wer ist bei Dir? Was machst Du?

3. Spüre den Moment mit all Deinen Sinnen. Was hörst Du? Was riechst Du? Welche körperlichen Empfindungen nimmst Du wahr?
4. Schmücke Dir den Moment gedanklich aus und versetze Dich ganz tief in diese wunderbare Situation. Genieße die intensiven Gefühle, die dadurch entstehen.
5. Jetzt versuche bitte festzustellen, in welchem Bereich Deines Körpers Du den Moment am intensivsten spürst. Das kann zum Beispiel ein Kribbeln im Bauch sein, es kann ein erweiterter Brustkorb sein etc.
6. Jetzt berühre bitte dieses Körperteil und gib diesem besonderen Moment einen Namen. Ich würde meinen Moment „Weinberg Z4" nennen. Wie heißt Dein Moment?
7. Mit dieser Übung hast Du eine Möglichkeit geschaffen, jederzeit und quasi auf Knopfdruck To-Go positive Gefühle erleben zu können. Berühre einfach Dein verbundenes Körperteil, sage den Namen für die Situation und tauche ein in den schönen Moment

Dadurch fühlst Du Dich wieder gut und unbeschwert.

Du bist für einen Moment glücklich. Es ist wichtig, so oft glücklich zu sein, wie nur möglich, denn dadurch verbessert man sein inneres Gleichgewicht und sorgt dafür, dass keine oder weniger Überlastungsgedanken auftreten.

Es ist eine Frage der Übung. Je öfter man die besondere Situation abruft, umso besser gelingt einem der Glücks-Shot.

Wie denkst Du über Dich selbst?

Kennst Du auch einen Typen wie Benno?

Benno ist ein herzensguter Mensch, der für jeden sehr sympathisch rüberkommt.

Nicht verwunderlich, denn er sieht gut aus, ist sportlich und intelligent.

Dazu ist er sehr freundlich, hört anderen stets interessiert zu und ist hilfsbereit.

Früher war er ein Ass im Handball und hat sich in sein Hobby richtig reingekniet. Dieses Engagement und die Energie hat er später im Erwachsenenalter in seine berufliche Karriere investiert. Deswegen ist er auch sehr erfolgreich in seinem Job. Seine Kollegen schätzen ihn.

Er hat eine attraktive Freundin und kommt bei der Damenwelt gut an.

Benno hätte viele objektive Gründe, um Selbstvertrauen aus Titan zu haben.

Hat er aber nicht wirklich.

Tatsächlich braucht es nicht viel, damit Benno an sich zweifelt.

Eine falsche Handlung, ein dummer Fehler, eine kritisierende Aussage...

Er fragt sich dann schnell, ob er etwas falsch gemacht hat und fühlt sich vorsorglich schuldig, sobald er vermeintlich einem anderen Menschen Unrecht getan hat.

Neulich hat er beim Herausfahren aus einer Kreuzung etwas spät einen sich nähernden Pkw bemerkt, was dazu geführt hat, dass er ganz schön aufs Gas drücken musste, um keinen Unfall zu bauen.

Zu allem Übel hatte er seine Tochter auch im Auto. Deswegen macht er sich Vorwürfe. Was hätte alles passieren können? Er denkt recht lange über die Situation und seine Fehleinschätzung nach und kann nur schwer loslassen. Er fragt sich immer wieder, was er beim nächsten Mal besser machen könnte.

Kennst Du so jemanden wie Benno?

Eine Art Superman, der aber nur ein Selbstvertrauen aus Wackelpudding hat?

Meiner Meinung nach sind Menschen mit Zwangsgedanken eine Art Superheld, denn sie vereinen eine Menge positiver

Eigenschaften, die sie oftmals zu Leistungsträgern unserer Gesellschaft machen.

Sie sehen sich selbst aber immer viel zu kritisch, verzeihen anderen sehr viel, sich selbst aber nur ganz wenig.

Menschen mit Zwangsgedanken haben Glaubenssätze, die schädlich sind für ihr Selbstwertgefühl.

Glaubenssätze sind elementare innere Überzeugungen, die wir irgendwann einmal bewusst oder unbewusst gelernt haben.

Diese Glaubenssätze sind wie eine Brille, durch die wir die Welt sehen.

Für den einen, ist eine Situation x das größte Drama, das ihn tagelang schwer beschäftigt. Ein anderer erlebt die gleiche Situation x, lacht darüber und macht sich keine weiteren Gedanken über die Sache.

Jeder hat andere Glaubenssätze und sie bestimmen unser Verhalten nachhaltig.

Diese Glaubenssätze werden durch unsere Erziehung und unsere Erfahrungen geprägt. Wir nehmen sie als Gesetze wahr und hinterfragen sie nicht.

Mit diesen Glaubenssätzen bewerten wir einfach alles. Wir nehmen diese Werte in unseren jungen Jahren auf und tragen sie als ABC mit uns, auch im Erwachsenenalter.

Stell Dir vor, Du weißt ganz fest, dass alles gut ist mit Dir. Dann wird Dich ein schrecklicher Gedanke nicht aus der Bahn werfen können. Du denkst Dir, so ein Quatsch und vergisst das ganze Thema. Das ist gesundes Denkverhalten.

Wie ist es aber bei Menschen mit Zwangsgedanken?

Sie werden von einem „schrecklichen" Gedanken in den Grundfesten getroffen. Wohlgemerkt, der Inhalt des Gedankens unterscheidet sich nicht von dem Gedanken des Normalos.

Menschen mit Zwangsgedanken haben jedoch kein felsenfestes Selbstvertrauen. Das macht sie angreifbar.

Das kann eine temporäre Schwäche sein, bedingt durch eine Häufung von Überforderungen im aktuellen Lebensabschnitt.

Oder es ist ein dauerhafter Mangel an Selbstvertrauen, der für Außenstehende oft gar nicht erkennbar ist.

Da das Vitamin S(elbstsicherheit) jedenfalls gerade fehlt, kann ein blöder Gedanke dazu führen, dass man nicht so einfach sagen kann: So ein Quatsch.

In der Folge zweifelt man und das krankhafte Grübeln entsteht. Betroffene hinterfragen sich. Sie gehen alles ganz genau durch, um ja keinen Fehler zu machen.

Dieses exzessive Beschäftigen mit dem Gedanken ist es, das wie ein geistiger Brandbeschleuniger für die ohnehin gestresste Seele wirkt.

Aus einem unbedeutenden mentalen Funken, wird plötzlich ein lodernder Waldbrand, der alles verschlingt und nicht mehr zu löschen ist (meint man).

Daher ist es wichtig, dass man sich seine schädlichen Glaubenssätze einmal bewusst macht und dann in realistische, positive Glaubenssätze überführt.

Welche negativen Glaubenssätze hast Du eigentlich?

Das findest Du heraus, indem Du einmal auf Sätze achtest, die Du denkst oder sagst, die folgende Elemente enthalten:

- Ich darf nicht...
- Ich muss...
- Ich soll...

Wenn Du dann einen negativen Glaubenssatz entdeckt hast, fragst Du Dich selbst offen und ehrlich:

- Und was passiert, wenn...
- Und warum ist das so...

Wenn Du nun einen tief liegenden negativen Glaubenssatz von Dir ermittelt hast, dann fixierst Du ihn Dir schriftlich.

Jetzt hinterfragst Du diesen Irrglauben **rational** und **objektiv**.

Du schreibst Beispiele auf, die zeigen, dass dieser Glaube ein Irrtum ist.

Im folgenden Kapitel machen wir ein Beispiel dazu, sodass Du genau verstehst, was ich meine.

Wie kann man einen negativen Glaubenssatz auflösen?

Anhand des folgenden Beispiels schauen wir uns einmal an, wie der Umgang mit einem falschen Glaubenssatz aussehen könnte.

Negativer Glaubenssatz, der zu Zwangsgedanken führt:

Ich darf als Mann, der in einer Beziehung mit einer Frau ist, keine anderen Frauen mehr attraktiv finden, geschweige denn mit ihnen flirten.

Und warum ist das so?

Das ist dann ein mentaler Betrug an meiner Freundin.

Und was passiert, wenn dem so wäre?

Dann fühle ich mich mies und habe ein schlechtes Gewissen.

Und warum ist das so?

Weil ich denke, dass ich meine Freundin dann nicht liebe und sie verletze.

Und was passiert dann?

Dann muss ich das meiner Freundin beichten.

Und was passiert als nächstes?

Sie wird sehr traurig sein, unsere Beziehung wird darunter leiden und vielleicht wird die Liebe nicht mehr so unbeschwert sein, wie es einmal war.

Und was passiert, wenn das so wäre?

Das wäre schrecklich, weil ich meine Freundin doch eigentlich so sehr liebe und ihr nicht weh tun möchte.

Und was wäre dann?

Das würde zeigen, dass ich ein schlechter Mensch bin, der nicht fähig ist, aufrichtig zu lieben.

Jetzt bist Du am Ziel von Deinem aufschlussreichen Selbstverhöhr.

Damit kannst Du sehr gut arbeiten und Dir rationale Punkte zusammentragen, die objektiv belegen, dass es sich bei diesem Glaubenssatz um einen Irrtum handelt.

Die positiven Gegenbeispiele könnten so aussehen:

- Ich versuche immer eher anderen zu helfen, anstatt an mich zu denken
- Mein Problem ist eher, dass ich zu gutmütig bin und zu wenig an mich selbst denke
- Ich war schon in Beziehung xyz sehr verliebt und war unendlich traurig, als es in die Brüche ging
- Ich schaue gerne Liebesfilme und kann dabei Rotz und Wasser heulen usw.

Du kannst nun auf einem neuen, frischen Blatt Deinen verbesserten Glaubenssatz positiv ausformulieren:

Ich bin ein guter Mensch, der aufrichtig lieben kann.

Hier sind Beweise dafür (Du schreibst nun die Aufzählung der positiven Gegenbeispiele auf).

Du hast jetzt ein wertvolles Dokument, das für Dich eine kostenlose Tankstelle des Glücks und Selbstvertrauens ist (Du kannst das mit mehreren negativen Glaubenssätzen so machen, sodass Du einen ganzen Dokumentenschatz des Glücks besitzt).

Negative Glaubenssätze bilden sich, weil sie einem immer wieder vorgebetet werden. Wie zum Beispiel in der Kindheit, wenn Dir jemand häufig sagt, *Du bist dumm und faul, aus Dir wird nie etwas.* Immer und immer wieder hört man das, sodass es in die mentale DNA übergeht.

Deshalb musst Du Dein Glücksdokument über einen gewissen Zeitraum öfter durchlesen, damit der neue Glaubenssatz den alten aus Deiner mentalen DNA verdrängt.

Schau mal was mit Dir Tolles passiert, wenn Du Dir einen Monat lang, jeden Morgen und Abend 5 Minuten lang Dein Glücksdokument laut vorliest.

Zugegeben, am Anfang ist es leicht schräg, aber es muss Dich ja niemand dabei sehen.

Glaub mir, es hat eine große positive Auswirkung auf Dich, wenn Du dieses Ritual einen Monat lang durchziehst. Das stärkt Dich tief von innen heraus. Du hast es Dir auch einfach verdient, dass Du Dich selbst so positiv und gut siehst, wie Du doch in Wirklichkeit bist!

P.S. Die Menschen, die einen in der Vergangenheit zu stark kritisiert oder überbehütet haben, hatten nicht immer schlechte

Motive. Unsere Eltern zum Beispiel lieben uns in der Regel sehr, aber manchmal sind sie gerade deshalb zu streng zu ihren Kindern oder vertrauen ihnen nicht genug.

Gründe dafür können beispielsweise sein:

- Angst (dem Kind könnte was passieren)
- Überforderung (zu wenig Schlaf, laute Kinder, viele Aufgaben)
- Sorgen (wie bezahle ich die Miete)

Die aktuellen Glaubenssätze sind nicht in Stein gemeißelt. Wichtig ist überhaupt einmal zu erkennen, dass die Welt durch eine alternative Mental-Brille ganz anders aussieht und sich auch völlig anders anfühlt.

Du weißt jetzt, dass Du Deine Glaubenssätze ändern kannst und Du kennst auch eine Methode, wie Du das angehen kannst (wenn nicht, lies das Kapitel einfach nochmal).

Mächtige Werkzeuge auf dem Weg zu mehr mentaler Kraft und innerer Ausgeglichenheit.

Wie kann man wieder glücklich im Hier und Jetzt leben (statt in einer gedanklichen Parallelwelt)?

Das pure Glück kann man spüren, wenn man wieder lernt, Momente achtsam zu erleben.

Das bedeutet, man nimmt den jetzigen Moment wahr, ohne ihn zu bewerten. Dadurch kann man die automatisch ablaufenden Gedanken an Vergangenes oder Zukünftiges ruhen lassen und voll im Moment sein.

Wem das gelingt, der reduziert erlebten Stress und wird innerlich ruhiger. Dies führt dazu, dass man sich merklich entspannt.

In einem achtsamen Moment, da erlebt man das Hier und Jetzt unmittelbar, man ist körperlich und seelisch voll auf den aktuellen Moment konzentriert.

Als Kind konnten wir das super und standen mit staunenden Augen vor dem Schaufenster und beobachteten die tollen Spielsachen, die wir uns so sehr wünschten. Oder wir sahen fasziniert zu, wie die Enten um die Wette zu dem Brot rannten, das wir ihnen zuwarfen.

Ich erinnere mich an einen Moment, als ich früher noch unter schweren Zwangsgedanken litt. Ich war mit Freunden in den Weinbergen wandern. Dort gab es eine kleine Gastwirtschaft. Man saß mitten in den Weinbergen.

Die Sonne schien und es war einfach unendlich entspannend, dort im Weinberg auf einer Terrasse zu sitzen, etwas Leckeres zu essen, zu plaudern, ein Glas Wein zu trinken und die herrliche Sonne zu genießen.

Da man mitten in dem Weinberg saß, war man umringt von Grün und hatte eine bildschöne Aussicht. Auch wenn ich damals noch massive Zwangsgedanken hatte und auch noch nicht über eine Lösung verfügte, diese nachhaltig loszuwerden, so war ich in diesem kleinen Moment frei von den Zwangsgedanken.

Ich war völlig entspannt und hatte keine Ängste. Dieser Augenblick ist mir deshalb so sehr in Erinnerung geblieben, da ich damals eigentlich Non-Stop Ängste und Zweifel hatte und in jeder Situation von Zwangsgedanken bombardiert wurde.

Doch nicht in dieser glückseligen Situation, in der ich eins mit der herrlichen Welt war. In diesem Moment war ich frei von Ängsten und Zweifeln und habe in kürzester Zeit sehr viel Energie getankt.

Dieses Eins-sein-mit der Umwelt, dem Leben und dem Moment, sollte man jeden Tag erleben dürfen. Das schenkt einem enorm viel innere Stärke und mit etwas Übung wird man feststellen, dass es so viele wunderschöne Dinge in unserem Alltag gibt.

Man geht wieder mit offeneren Augen durch das Leben und tankt Stärke und Resilienz an der Tanke des Lebens (und das ganz umsonst).

Wie ich das im stressigen Alltag mache?

Ich werfe in manchen Situationen einen Anker. Dadurch halte ich mein geistiges Boot an, das so schnell getrieben wird in diesem reißenden Strom des Alltagslebens.

Wenn ich eine bestimmte Situation erlebe, dann mache ich eine kurze Auszeit und halte die Zeit an, in der ich mir diese Situation ganz in Ruhe ansehe, ohne sie zu bewerten.

Ich beobachte einfach, so, als ob ich das zum ersten Mal sehe (als ich diese Zeilen schreibe war es beispielsweise der Weihnachtsbaum, der frisch geschmückt das Wohnzimmer verschönerte).

Ich stehe dann da und schaue mir die Situation in Ruhe an. Ich atme bewusst, langsam und entspannt ein, um zur Ruhe zu kommen.

Ich genieße die hellen Lichter (um beim heutigen Beispiel zu bleiben) und schaue mir die vielen bunten Kugeln an. Manche Bilder des Lebens sind so überwältigend und voller Sinneseindrücke, dass man sich wirklich einen Moment Zeit nehmen sollte, um die Gänze der Schönheit wahrnehmen zu können.

Dies ist umso wichtiger, je mehr Aufgaben das Leben für einen bereithält und je mehr man um die Ohren hat.

Wirf den Anker jeden Tag einige Male aus. In diesen Momenten, in denen Du direkt mit dem Hier und Jetzt verbunden bist, tankst Du so schnell Glück und Energie auf, wie ein Formel 1 Fahrer Benzin beim Boxenstopp.

4. Wie kann man mit Stress besser umgehen und warum ist das wichtig?

Welche Ereignisse setzen uns unter Stress?

Im Leben von uns Menschen gibt es immer wieder Ereignisse, die uns stressen aka belasten.

Und wir wissen ja, dass diese mentale Anspannung sich entladen kann in ganz ausgeprägten Zwangsgedanken, die einem das Leben schwer machen.

Die US-amerikanischen Psychologen Holmes und Rahe[2] haben 1967 untersucht, welche Lebensereignisse uns wie stark belasten.

---

[2] Vgl. Noone PA. The Holmes-Rahe Stress Inventory. Occupational Medicine, 10/2017, S. 581-582

Auf einer Skala von 0 bis 100 werden Lebensereignisse wie folgt beurteilt:

- Scheidung (73)
- Heirat (50)
- Erkrankung in der Familie (44)
- Schwangerschaft (40)
- Geschäftliche Veränderung (39)
- Umschulung (36)
- Schulden über 30.000 EUR (31)
- Anfang oder Ende einer Schule (26)
- Wohnungswechsel (20)
- Urlaub (13)

Kommen in zeitlichem Zusammenhang mehrere belastende Faktoren zusammen erhöht sich die Wahrscheinlichkeit, psychisch zu erkranken.

Ab einem Gesamtwert von 150 wird es für jeden langsam kritisch.

Man sieht also, ob man an einer psychischen Erkrankung leidet, hängt entscheidend davon ab, wie die äußeren Lebensumstände sind und, wie gut man mit Stress umgehen kann.

Wie man seinen Stresslevel erkennt und was man dagegen tun kann?

Als ich früher mal einen Bürojob in Würzburg hatte, da gab es in der Zentrale in Nürnberg einen Kollegen.

Lothar (Name geändert).

Wenn Du was gebraucht hast, dringend und mit guter Qualität, dann hast Du Lothar angerufen.

Egal wie stressig es in Nürnberg war, Lothar war immer freundlich. Freitagnachmittag und Du hast noch einen Mist gebraucht? Dann hast Du ihn angerufen und er hat es möglich gemacht.

Ich hatte diesen Fall nicht oft, aber manchmal war es eben so und Lothar war einfach ein Fels in der Brandung.

Er hat die Sache erledigt, lautlos, schnell und effektiv... und dabei noch freundlich.

Er hatte bei allen Kollegen den Ruf, eine echte Bank zu sein.

Als ich irgendwann gehört habe, dass Lothar plötzlich an einer Depression erkrankt ist und langfristig krank sein wird, da konnte ich das mit meinen jungen (unerfahrenen) 25 Jahren nicht glauben.

Lothar? Das musste doch ein Irrtum sein.

War es aber nicht.

Fakt ist, wenn Dein inneres Gleichgewicht nicht ausbalanciert ist und Du dauerhaft nur abhebst, dann kommt die Quittung irgendwann ganz sicher.

Deshalb ist es wichtig bei sich selbst zu erkennen, wenn man extrem gestresst ist.

Es gilt dauerhaft dafür zu sorgen, dass man neben Anspannung auch immer genügend Entspannung bekommt. Das ist nicht optional. Es ist Pflicht.

Wenn man das außer Acht lässt, dann gibt es ein Warnsignal, das betroffene Leser dieses Buches nur zu gut kennen.

Überlastungsgedanken, auch bekannt als Zwangsgedanken.

Sagen wir mal, man war eine gewisse Zeit frei von diesen Gedanken und plötzlich kommen sie wieder.

Dann sollte man nicht denken, warum denke ich denn solche Sachen jetzt wieder?

Das ist unnötig, denn nach wie vor gilt, dass man in sich selbst blindes Vertrauen setzt. Auch und gerade, wenn mal wieder ein Zwangsgedanke eingespielt wird.

Bei viel Anspannung, Problemen, Stress und Sorgen ohne ausreichenden Ausgleich können eben Überlastungsgedanken auftreten.

Menschen mit Zwangsgedanken sind dafür prädestiniert (was nicht schlimm ist, solange man es versteht und richtig deutet).

Sie sind ausgesprochen leistungsfähig, wissen das auch und muten sich daher oft viel zu. Da sie sich oft stark belasten, merken sie manchmal nicht, dass sie eigentlich schon überlastet sind. Es ist nur logisch, dass dann Überlastungsgedanken die mentale Bühne betreten.

Diese Gedanken sollte man deshalb als Zeichen interpretieren und inhaltlich nicht hinterfragen.

Sie sind der Stupser vom Unterbewusstsein, den man nicht überhören kann.

Das kann man dann tun:

- Analysieren, was nicht gut läuft bzw. anstrengend ist, z.B. Probleme in den Bereichen Arbeit / Familie / Beziehung
- Nicht auf die Inhalte der Gedanken fokussieren, denn sie sind nur der Hinweis, dass etwas im Leben nicht okay ist
- Echte Probleme angehen und lösen
- Für genug Ausgleich sorgen

Wenn ich an mir selbst Stress und Anspannung wahrnehme, dann versuche ich bewusst ruhiger zu werden, Dinge wieder langsamer und achtsamer zu tun, Goodies für meine Seele einzuplanen, mich körperlich auszupowern.

Beispiel: *Immer an diesen verdammten Montagen, da bin ich einfach schlechter drauf. Das akzeptiere ich und weiß, dass es weg geht. Ich starte die Arbeit und merke im Laufe des Tages, wie der Flow wieder kommt. Dienstag ist dann wieder alles gut und ich habe große Lust Bäume auszureißen.*

Ein Beispiel für eine Überlastung in meinem Leben:

Vor ca. 15 Jahren gab es eine Zeit, in der ich selbstständig war. Ich hatte mir ein schönes Büro angemietet (das ein Haufen Geld gekostet hat). Der ganze Umzug und die Renovierung des Büros verschlang das Geld wie ein ausgehungerter Löwe.

In mir machte sich Panik breit, ob ich das alles schaffen würde. Ich habe kaum geschlafen und für die Renovierung 16 Stunden am Tag im Büro geackert, damit alles möglichst perfekt war.

Schließlich wollte ich bald Kunden empfangen, um dringend benötigten Umsatz zu generieren, denn finanzielle Reserven waren bald nicht mehr vorhanden.

Mein Stresslevel war extrem hoch.

Das äußerte sich so, dass ich die gesamte Bürofläche auf Knien abgekrochen bin und nach weißen Farbklecksen vom Streichen gesucht habe.

Dabei war ich aber nicht entspannt, sondern hundemüde, mein Herz schlug so schnell, als stünde ich gleich im Ring in einem Kampf auf Leben und Tod.

Auf meiner Stirn waren Schweißperlen, denn ich durfte keinesfalls (so meinte ich) einen weißen Farbklecks übersehen.

Ich war total verkrampft, hochaggressiv und maximal genervt, denn ich fand immer wieder neue verdammte Farbkleckse.

Meine Güte, mein Durst nach Entspannung war riesig. Leider hatte ich damals nicht darauf gehört und immer weiter Gas gegeben. Ich wundere mich nicht, dass ich irgendwann in meinem Leben massive Zwangsgedanken entwickelt habe.

Heute habe ich einen automatischen Spinnensinn aktiviert, der mir immer signalisiert, sobald zu viel Anspannung im Leben ist.

Wie ein guter Kapitän steuere ich dann immer gleich mit geeigneten Entspannungsmaßnahmen gegen.

Wichtig ist auch ein Selbstverständnis zu entwickeln, dass es völlig okay ist, mal langsamer zu machen und sich richtig was zu gönnen.

Das ist sehr wichtig, wenn man dauerhaft gesund bleiben möchte. Dabei braucht man auch kein schlechtes Gewissen haben. Ein Auto muss man schließlich auch manchmal tanken. Wir alle müssen auch regelmäßig auftanken, sodass wir wieder neue Power haben.

Es ist gar nicht so schwer zu erkennen, wenn die innere Waage nach Ausgleich lechzt. Man muss nur ein bisschen auf sich selbst und sein Unterbewusstsein hören.

Wie man besser mit Stress umgeht?

Wenn man das Wort „Stress" hört, dann verbindet man damit oft etwas Negatives. Ist das nicht etwas, das man vermeiden sollte?

„Stress mich nicht" ist ein Spruch, den meine Kumpels und ich damals in der Kollegstufe gerne nutzen, wenn ein streberhaftes Mädchen uns fragte, ob wir dies und jenes schon gelernt haben, denn schließlich kommt das ja in der nächsten Schulaufgabe dran.

Aber Stress an sich ist gar nicht schlecht für uns Menschen. Ein gewisses Maß an Stress ist sogar gut und gesund für uns.

Dadurch wird nämlich die eigene Leistungsfähigkeit gefördert, unsere Kreativität lebt auf und Energie wird freigesetzt, was uns glücklich und zufrieden macht.

Problematisch ist nur, wenn der Stress zu lange anhält, man keine Lösungsmöglichkeiten für anstehende Aufgaben und Probleme hat und die innere Anspannung somit nicht mehr ausreichend abgebaut wird.

Alltäglichen Stress kann man gut abbauen durch

- Bewegung,
- Entspannung und
- Tage, an denen man mal so richtig faul sein darf

Der Schlüssel zur inneren Widerstandskraft (Resilienz) ist also der gesunde Umgang mit Stress.

Viele Menschen mit Zwangsgedanken haben meiner Erfahrung nach in der Kindheit nicht gut vermittelt bekommen, wie man mit Stress gut umgehen kann.

Viele Betroffene berichten mir, dass mindestens eines der Elternteile selbst psychisch labil war und einem keinen souveränen Umgang mit Problemen und herausfordernden Aufgaben vermitteln konnte. Stattdessen wurde ein teils überfordertes, hilfloses und panisches Vorbild vorgelebt. Das nehmen Kinder natürlich wahr und adaptieren die ein oder andere Verhaltensweise bis in Erwachsenenalter (selbst wenn man sie gar nicht gut findet).

Betroffene sind häufig bereits durch kleine Veränderungen oder ungewisse Herausforderungen gestresst. Das kann auch etwas

Banales wie eine S-Bahn-Fahrt in einer fremden Stadt sein (Wo fährt die S-Bahn? Wann muss ich umsteigen?). Oder aber der anstehende Urlaub, der einen schon Wochen vor dem Urlaubsantritt innerlich in große Anspannung versetzt.

Kommt etwas Unerwartetes auf den Plan, ploppt der Stress in kürzester Zeit auf und man erledigt seine Aufgaben unter Hochspannung.

Gleichzeitig verliert man die Achtsamkeit und ist getrieben vom Anspruch, ja nichts falsch zu machen und alles möglichst perfekt hinzubekommen. Wenn so der Alltag aussieht und man in vielen Phasen des Tages gestresst ist, setzt man sich zu lange einer Anspannung aus.

Die Belastung durch die Anspannung wird auf Dauer zu groß. Das ist wie ein tropfender Wasserhahn, der einen in den Wahnsinn treibt, wenn man ihn nicht abstellen kann.

Man ist als Mensch einfach diesem Druck zu oft und lange ausgesetzt und dieser Druck muss abgebaut werden. Das geschieht durch die Zwangsgedanken.

Man kann sich das als Abspackungen des Gehirns vorstellen, weil es einfach so gestresst ist, dass es mal völlig sinnlos durchdreht, weil ihm alles zu viel wird.

Es ist also wichtig, das alltägliche Denken zu entschleunigen.

Man erzielt bessere und nachhaltigere Ergebnisse, wenn man Aufgaben und Herausforderungen in Ruhe angeht und zuversichtlich ist, dass man mit entspannter und konzentrierter (nicht hektischer) Tätigkeit schon alles schaffen wird.

Ich vertraue bei allen meinen Aufgaben im Job oder in der Familie darauf, dass ich alles Stück für Stück gut genug schaffen werde, wenn ich in Ruhe und mit Gelassenheit an die Sache rangehe.

Hier ein kleiner Test zum Ausprobieren:

Meistens versetzen uns Aufgaben grundlos in Panik und Stress. Ich empfehle mal auszuprobieren, wie lange man für eine alltägliche Aufgabe braucht, wenn man diese bewusst ganz locker und ohne Stress löst. Ich stoppe mir dafür manchmal ganz bewusst die Zeit.

So oft habe ich dann festgestellt, dass die Aufgabe, die mir etwas unbehaglich war und die ich gerne noch etwas aufgeschoben hätte, gar keine lange Bearbeitungszeit in Anspruch genommen hat.

Ich habe dann festgestellt, dass die ach so aufwendige Aufgabe in gerade mal 10 Minuten erledigt war. Und zwar ohne Stress und hochtourige Anstrengung.

Man wird also oft sehen, dass diese ganze Selbst-Stresserei unnötig und übertrieben war und man die Aufgabe daher künftig ganz entspannt und locker angehen kann und darauf vertrauen darf, dass man es gut lösen kann.

Auch folgender Leitsatz hilft mir sehr:

Nicht nachdenken, einfach machen.

Ich erstelle mir gerne einen Tagesplan mit einigen Dingen, die ich an diesem Tag erledigt haben möchte.

Hilfreich ist, sich kleine (dafür aber erreichbare) Tagesziele zu setzen, z.B. 3 bis 5 Tagesziele.

Sobald eine der Aufgaben erledigt ist, streiche ich sie von meiner handgeschriebenen Liste mit einem gelben Markierstift.

So fühle ich mich gut und produktiv und man kommt stetig voran.

Das Schlimmste ist nämlich zu prokrastinieren und vor lauter Aufgaben und Stress gar nichts mehr umgesetzt zu bekommen.

Man fühlt sich dann wie ein Hai im wimmelnden Fischschwarm. Man weiß gar nicht mehr, wo man zuerst hinbeißen soll, sodass man am Ende gar nichts abbekommt.

Was mich auch immer sehr entspannt ist die Vorstellung, **dass die Aktivität, die ich gerade tue, die einzige Aufgabe des Tages ist.**

Das kann auch nur ein Kristallglas sein, dass ich aus der Spülmaschine nehme und relaxed in den Schrank räume.

Wenn ich das so mache, dann erlebe ich nämlich den jetzigen Moment ganz bewusst und in Ruhe…

und denke nicht daran, dass ich die 3 Kinder noch bettfertig machen muss, einer noch lernen soll, der andere immer noch keine Hausis gemacht hat, die Spülmaschine ausgeräumt werden muss, ich die Brotzeit für morgen schmieren muss, zig Emails beantwortet werden wollen, dieses Buch weitergeschrieben werden möchte und und und…

Alles was ich tun kann, ist das Glas in den Schrank räumen.

Es hilft mir rein gar nichts, wenn ich all diese wirren Gedanken ständig in meinem Kopf schreien höre...erledige mich...erledige mich...nein, das stresst mich nur sinnlos und raubt mir dadurch die Kraft, diese Dinge in der Wirklichkeit tatsächlich zu lösen oder abzuarbeiten.

Ich denke daher viel lieber diesen entspannten Gedanken:

Die Aktivität, die ich gerade tue, ist die einzige Aufgabe des Tages.

Selbst wenn Du noch 1.000 Aufgaben in Deiner To-Do Liste hast, befassen kannst Du Dich jetzt im Moment nur mit einer.

Deshalb richte den Blick aufmerksam und mit Ruhe auf diese eine Sache (und blende in Deiner Wahrnehmung alle anderen Aufgaben aus).

So bleibst Du achtsam im Moment, spürst Dich im Hier und Jetzt und kommst zufrieden stetig voran (ohne durchzudrehen).

Wie man entspannt bleibt, wenn das Leben zu viel Gas gibt?

Wenn man zu viele Herausforderungen im Leben hat (z.B. stressiger Job, Schichtarbeit, Familiensorgen, Kinder, Beziehungsprobleme, Scheidung, Umzug, neuer Job usw.) ist es wichtig, nicht durchzudrehen.

Menschen mit Zwangsgedanken sind ja gerne perfektionistisch veranlagt, sie lieben es, wenn man alles „unter Kontrolle" hat und Sachen gut laufen.

Ist man aber durch eine Situation überfordert oder verunsichern einen Ereignisse oder Aufgaben, dann sollte man ruhig und entspannt eins nach dem anderen angehen.

Das Ziel, das man hat, ist ja alles möglichst gut und schnell zu schaffen.

Um eben dieses Ziel erreichen zu können, benötigt man einen kühlen Kopf und eine lockere Sichtweise (selbst wenn um Dich herum der Bär tobt).

Je mehr Herausforderungen man zu bewältigen hat, umso ruhiger muss man vorgehen.

Wichtig ist es, nicht von einer Flut aus Aufgaben, Sorgen und Problemen weggespült zu werden und dann vor lauter Überforderung untätig stehen zu bleiben und erschöpft den Kopf in den Sand zu stecken (obwohl man noch keine einzige Aufgabe umgesetzt hat und kein Problem angegangen ist).

Die Überforderung entsteht, weil Menschen mit Zwangsgedanken perfektionistisch und gewissenhaft veranlagt sind.

Man sieht dann quasi in wenigen Momenten eine Vielzahl von Aufgaben vor dem inneren Auge aufploppen und erkennt, was man alles machen muss. Das ist wie ein Overload, der das System Mensch zum Erliegen bringen kann. Das Herz rast und man fühlt sich ruckzuck angespannt und von Stress durchflutet.

Es macht aber keinen Sinn, an alles gleichzeitig zu denken.

Wichtig ist in so einem Belastungsmoment ruhig zu bleiben und solche Overload Momente einzukalkulieren.

Dann pickt man sich eine Aufgabe heraus, die man **ruhig, konzentriert und entspannt angeht**. Dadurch steigert man auch wieder seine Achtsamkeit, weil man nicht eine Sache geistesabwesend macht, in Gedanken aber schon wieder 3 weitere

Aufgaben im Sinn hat und so die Verbindung zur Welt im Hier und Jetzt verliert.

Daher rate ich Dir, arbeite Deine Aufgaben **ruhig, fokussiert, entspannt und stressfrei ab. Danach stellst Du erleichtert fest, es war gar nicht schlimm, es tut gut es erledigt zu haben und es hat sogar Spaß gemacht.**

Geh bitte im Vertrauen auf Dich selbst davon aus, dass Du schon alles schaffen wirst, solange Du Dich nur bewegst, egal wie schnell.

Lediglich der Stillstand ist es, den Du vermeiden solltest, da die Aufgaben ja dann nur immer mehr werden und Du frustriert bist.

Das soll nun aber nicht heißen, dass Du wie ein Hamster im Rad eine Aufgabe nach der nächsten wegbügeln musst.

Ganz im Gegenteil, man sollte sich jeden Tag so schön gestalten, wie es nur eben geht.

Entspannung und sich etwas Gutes zu tun, das gehört täglich fest eingeplant, denn nur so kann man sicherstellen, dass man dauerhaft mental gesund und leistungsfähig bleibt.

Wenn man also künftig Aufgaben angeht, dann sollte man bewusst darauf achten, diese mit Ruhe und Achtsamkeit anzugehen.

Wer ruhig und entspannt ein To-Do nach dem nächsten erledigt ist motiviert, fühlt sich produktiv und zufrieden.

Der überzogene Selbstanspruch und Leistungsreflex, möglichst alles, möglichst perfekt schaffen zu wollen, bringt das Risiko hervor, dass man irgendwann gar nichts mehr auf die Reihe bekommt, weil man von der Last der To-Do's erdrückt wird. Und dann tauchen sie wieder auf, die doofen Überlastungsgedanken…

Das wollen wir ja nicht, deshalb macht es Sinn, sich selbst etwas Gutes zu tun und die persönliche innere Waage zu spüren, ernst zu nehmen und stets die Balance aus Anspannung und Entspannung im Blick zu haben.

Wie Du stoisch Deine Ziele erreichst?

Für mein erstes Buch „Für-immer-Urlaub-von-Zwangsgedanken" hatte ich eigentlich kaum Zeit fürs Schreiben. Zumindest nicht nach normalen Maßstäben.

Mit einem Full-Time-Job und einer Familie mit 3 kleinen Kindern, bleibt nicht viel Zeit und Energie fürs Schreiben übrig.

Deshalb habe ich mir ein einfaches System überlegt, das mir ohne viel Aufwand dabei helfen sollte, mein Ziel ein Buch zu schreiben zu erreichen.

Dieses System habe ich immer umgesetzt. Ohne nachzudenken.

Meine Regeln für das System waren:

- Ich schreibe immer auf dem Hin- und Rückweg zur Arbeit am Buch
- Im Zug, in der S-Bahn oder am Bahngleis schrieb ich also jeden Tag von Montag bis Freitag über mein Handy am Buch (es ging erstmal nur um den Text, Format war egal, daher ließ sich das am Handy gut schreiben)

- Das ergab jeden Tag etwa 1 Stunde Schreibzeit, ohne dass ich extra Zeit investieren musste, denn ich fuhr ja ohnehin zur Arbeit
- Am Wochenende ist frei, da wird nix geschrieben

So gelang es mir recht unaufgeregt und unangestrengt in 3 Monaten den gesamten Text zusammenzuhaben. Jetzt musste ich nur noch am PC alles formatieren und in Buchform bringen. Da der Text aber vorhanden war, stellte das kein großes Problem mehr dar.

Ich stehe auf einfache Strategien, die ich dauerhaft gut umsetzen kann. Ich nehme mir zum Beispiel auch vor, dass ich zweimal die Woche Sport mache. Ob es die Radfahrt ins Büro ist oder die 20 Minuten auf meiner Hantelbank, das ist egal.

Ein Ziel, das ich mit einfachen Strategien ohne Mühe dauerhaft gut erreichen kann.

Kleine Ziele, die man dauerhaft ohne großen Stress und Aufwand erreichen kann sind es, die das Leben nachhaltig verändern können.

Es bringt einem ja nichts, wenn man sich stets heldenhafte Ziele setzt, die man aber nach 14 Tagen entkräftet wieder aufgibt. Das ist frustrierend und ändert gar nichts.

Menschen mit Zwangsgedanken denken immer an alles…

und vergessen doch so oft das Wichtigste…

SICH SELBST!

Wenn Du also weißt, dass Du Dich **regelmäßig entspannen** solltest, dann setze Dir einfache Ziele, die Du gut erreichen kannst.

Das kann zweimal die Woche Sport machen sein. Jede Woche einmal Freunde oder Familie treffen. Jeden Tag 5 Seiten eines Romans lesen. Jeden Monat ein neues Restaurant ausprobieren. Was Dir eben Spaß macht.

Dann halte Dich an diese positiven und einfachen Regeln.

Man hat nie Zeit für sich, außer man nimmt sie sich konsequent.

Aber Achtung, bitte setz Dir nicht zu viele Regeln und Ziele, die Du dann starr befolgen musst.

Einige wenige Strategien, die Dir dabei helfen, regelmäßig für Dich da zu sein und die auf dein Entspannungskonto einzahlen, das reicht völlig.

Bonuszeit für mehr gedankliche Ruhe und Stärke

Wenn Dich ab und zu fiese kleine Gedanken auf die Probe stellen wollen, dann bietet dieses Kapitel eine einfache, aber sehr wirkungsvolle Technik.

Das Prinzip ist eine Abwandlung der „Pomodoro Technik" von Francesco Cirillo.

Bei der Pomodoro Technik stellt man sich zum Beispiel einen Wecker auf 30 Minuten.

In dieser Zeit sind keine Ablenkungen gestattet.

Warum nicht?

Weil konzentriertes Arbeiten sehr wichtig ist, um gute Ergebnisse zu erzielen.

Danach hat man z.B. 5 Minuten Pause, in denen man auf einem Bein hüpfen, einen Espresso schlürfen oder Netflix schauen kann, egal was.

Danach kommt wieder eine Phase, in der man konzentriert arbeitet usw.

Bei einem belastenden Gedanken nutzen wir jetzt eine Bonuszeit wie folgt:

Es kommt ein Gedanke, der einen überfordert und verängstigt.

Dann stellt man sich eine Uhr auf 30 oder 60 Minuten.

In dieser Zeit wird nicht über den Gedanken und das angstbesetzte Thema nachgedacht.

Erst danach gestattet man sich, wenn man möchte, nochmal den Gedanken mental zu betrachten.

Da dann aber die erste Angst schon verflogen ist, kann man das Thema rationaler betrachten und idealerweise freiwillig beschließen, dass es gar keine Notwendigkeit gibt, weiter darüber nachzudenken.

Vorteile der Bonuszeit:

- Zwangsgedanke löst zunächst Angst aus
- Mit akuter Angst kann man nicht klar denken
- Durch das Zeitfenster „ohne Denken" ist das Unterbewusstsein erst mal beruhigt, weil es weiß, es darf ja später denken
- Bis dahin ist aber das Adrenalin verflogen und die akute Angst hat sich gelegt
- Dann kann man nach den 30 bis 60 Minuten klarer sehen und sieht keinen Grund mehr zu grübeln *(genau, wir überlisten unser Unterbewusstsein ein bisschen, da wir wissen, später will man schon gar nicht mehr darüber nachdenken, da dann die akute Angst als Einpeitscher fürs Grübeln-Müssen Feierabend hat)*

5. Wie kann man seine innere Stärke aufbauen?

Warum sollte man an sich glauben?

Auch wer schon lange mit psychischen Problemen zu kämpfen hat und nicht so gut mit Stress umgehen kann, braucht seinen Kopf nicht in den Sand stecken.

Durch mentales Training kann man seine geistige Widerstandskraft stärken und verbessern.

Gelingt es einem, Herausforderungen zu meistern, wird man sein Selbstvertrauen immer mehr fördern und sich so mental zu einem echten Widerstandskämpfer entwickeln, den so schnell nichts mehr umhaut.

Mein Ziel ist es, möglichst vielen Menschen dabei zu helfen, ihre Zwangsgedanken zu besiegen und dauerhaft ein positives, glücklich-machendes Denkverhalten zu etablieren.

Wem das gelingt, der wird in seiner Persönlichkeit erheblich wachsen und zu einem DU 2.0 werden *(nicht umsonst heißt* *deshalb auch mein Online-Coaching-Kurs für Menschen mit Zwangsgedanken so).*

Wer die mentale Krise und Dauerbelastung durch die Zwangsgedanken überwunden hat, der wird von einer inneren Stärke und Zuversicht erfüllt sein, die er sich zu Zeiten der Zwangsgedanken nie im Leben vorstellen konnte.

Mir ist wichtig, dass kein Betroffener den Mut verliert und glaubt, dass das Leben immer so trüb sein müsse.

Zwangsgedanken sind kein Schicksal, mit dem man leben muss.

Deshalb packen wir das an und bringen Dich in Form.

Wie so oft im Leben ist Umsetzung das Wichtigste. All die edlen Vorsätze und wohlklingenden Strategien sind nichts, wenn man nicht tut, was getan werden muss.

Beispiel:

Seit ich 19 Jahre alt war habe ich geraucht. Etwa eine Schachtel am Tag. Das ging so, bis ich Mitte 30 war.

Wie oft habe ich damals „Endlich Nichtraucher" von Allen Carr (und alles andere, was er geschrieben hat) gelesen.

Ich fand die Inhalte und die Methoden super und konnte alles zu 100% nachvollziehen. Doch irgendwie habe ich es nicht geschafft, das Ganze mal eine längere Zeit durchzuziehen. Immer wieder wurde ich rückfällig und habe das Buch nochmal gelesen.

Es machte mich wahnsinnig, dass ich es nicht schaffte, das Rauchen aufzuhören, obwohl ich doch alles verstanden hatte, was im Buch steht (doch das Gelesene 1:1 umgesetzt für eine gewisse Zeit, das hatte ich nicht).

Sogar „Endlich Nichtraucher für Frauen" habe ich mir reingezogen, weil ich dachte: *Wenn das normale Buch nach 18- mal Lesen nicht den gewünschten Erfolg gebracht hat, dann vielleicht die weibliche Version? Vielleicht ist die einfühlsamer geschrieben und aktiviert bei mir Sensibelchen andere Knöpfe?*

Auch das war vergeblich. Unzählige Male bin ich gescheitert.

Dann irgendwann sagte meine Freundin mir, dass sie zum zweiten Mal schwanger ist.

Dadurch hat sich in mir ein Knopf umgelegt und ich wusste, jetzt ziehe ich es durch. Ich hatte daran innerlich gar keinen Zweifel mehr.

Ich habe daraufhin keines der Nichtraucher Bücher gelesen (kannte sie eh schon auswendig). Dafür habe ich emotionslos und professionell umgesetzt, was nach „Allen Carr" zu tun war, sodass man endlich Nichtraucher wird und gerne bleibt.

Ich habe nicht mehr nachgedacht, keinen Zweifel zugelassen, ich habe einfach stur GEMACHT und UMGESETZT.

Dann kam alles von alleine und es war plötzlich gar nicht mehr schwer.

Bei Zwangsgedanken funktioniert das genauso.

Man muss sich mein Buch oder den Kurs nicht zigmal reinziehen.

Es reicht, wenn man es entspannt liest bzw. sich anschaut.

Wenn man zu den Inhalten ein JA geben kann und der Aussage zustimmen kann: *Das hört sich richtig an und wenn man die Methoden nachvollziehen kann...*

Dann ist das Entscheidende, dass man ohne Zweifeln UMSETZT.

Das Umsetzen und Nicht-mehr-zweifeln-wollen ist eine **bewusste Entscheidung, die man nur selbst treffen kann.**

Durch das Umsetzen kommt der Erfolg und damit auch das Gefühl, **dass man sich wirklich trauen darf, so richtig an sich zu glauben.**

Welche einfache Strategie pumpt Deine innere Stärke auf Superhelden-Niveau?

Die Bewohner des Dorfes im Amazonas sind umringt von einem großen finsteren Wald.

Eine Legende besagt, dass hinter dem Wald ein wunderschönes Paradies liegt.

Nur ein einziger Weg führt durch diesen Wald auf direktem Wege zum Paradies.

Das Problem dabei ist, dass die Bewohner des Dorfes sich nicht aus den komfortablen Hütten heraus trauen.

Sie haben gehört, dass es in den Wäldern furchterregende Monster gibt.

Eines Tages jedoch nimmt ausgerechnet ein kleiner Junge im Dorf all seinen Mut zusammen.

Er tritt aus seiner bequemen Hütte heraus, schaut in den Wald hinein und denkt sich:

„Ich gehe jetzt zum Paradies... Ich gehe jetzt durch diesen Wald und werde am Paradies ankommen!"

Nach kurzem Zögern nimmt er all seinen Mut zusammen und beschließt, in den Wald zu gehen.

5 Minuten später läuft er weinend aus dem Wald wieder hinaus.

Auf direktem Weg rennt er in seine Hütte und schließt sich dort ein.

Was ist passiert?

Als der Junge im Wald war, hörte er Zweige knirschen.

Er schaute in die Richtung des Geräusches und sah das erste Monster, das neugierig in seine Richtung blickte.

Beide sahen sich in die Augen, bis das Monster sich langsam zu seiner vollen Größe aufrichtete.

Dieser Anblick erzeugte schlagartig so viel Furcht im Jungen, dass er sich umdrehte und weggerannt ist.

Er suchte den Schutz seiner Hütte, in der er sicher war.

Genau das Gleiche passiert Menschen mit Zwangsgedanken, wenn sie die eigene Komfortzone, nämlich das Grübeln, die Sicherheitshandlungen etc. beenden wollen.

Wir gehen aus der Komfortzone (ja, die Grübelsucht ist eine Komfortzone, da sie Sicherheit gibt), also in den unbekannten Wald rein.

Betroffene sind erst voller Mut, denn so kann es doch nicht mehr weiter gehen.

Alles scheint einfach, bis die ersten Monster (aka Ängste, Zweifel) auf uns zukommen.

Das ist wie bei einer Anmeldung im Fitnessstudio. Die ist erstmal sehr einfach.

Schwierig wird es, wenn wir drin sind und trainieren. Erst dann sehen wir die schlanken Menschen um uns herum, die in uns Gedanken auslösen, wie:

„Heute fühle ich mich nicht wohl", oder: „Alle gucken mich irgendwie schräg an".

Es sind diese Art von Monstern, denen wir alle einmal begegnen.

Sie starren uns in die Augen. Sie machen uns Angst und verunsichern uns.

Wenn man diesen Monstern ins Angesicht blickt und sich nicht beeindrucken lässt, dann wird man eines feststellen...

Es gibt die Monster in Wahrheit gar nicht.

Es spielt sich alles nur in unserer Fantasie ab.

Wenn man direkt auf das Monster zugeht, wird es sich in Luft auflösen.

So kann man sich die Komfortzone vorstellen.

Sobald wir heraustreten, müssen wir den Monstern ins Gesicht schauen, damit sie verschwinden.

Wenn man sich beispielsweise vornimmt, dass man nicht mehr grübelt, sobald sich ein Gedanke in Bezug auf die Beziehung aufdrängt, dann kann es sein, dass ausgerechnet kurz nach dem guten Vorsatz irgendwer etwas Blödes sagt, was urplötzlich und unvermittelt heftige Ängste und Zweifel in einem aufkommen lässt.

Das sind die Monster, denen man begegnen muss.

Wenn man jetzt wieder grübelt („nur dieses eine Mal"), dann wäre es vergleichbar mit dem Zurücklaufen in das „sichere" Dorf.

Wenn man mentale Gelassenheit und unbeschwertes Glück für sich erreichen möchte, dann muss man anfangs durch diese unangenehme Phase hindurch.

Man kann niemals vom Dorf direkt ins Paradies hinein und den finsteren Wald einfach überspringen.

Man muss wieder lernen, dass man nicht das Opfer seiner dominanten Gedanken ist. Es ist entscheidend, selbst die Kontrolle zu übernehmen und zu spüren, dass eigentlich ja **wirklich alles gut ist** und es keinen Grund mehr gibt, ständig die gleichen angstbesetzten Themen mental durchzukauen.

Wer es einmal geschafft hat, dem Sog des Schwarzen Loches (vgl. die im Buch / Kurs beschriebenen Methoden zum Umgang mit dem Grübelzwang) zu widerstehen und dann nach kurzer Zeit damit belohnt wird, dass die gewünschte innere Sicherheit von ganz allein zurückkommt, der versteht langsam, dass er wieder das Ruder im Kopf übernehmen kann.

Der kann plötzlich tatsächlich den hoffnungsvollen Horizont in der Ferne sehen und geht jetzt frohen Mutes auf Kurs in Richtung Insel ohne Zwangsgedanken.

Er spürt es nunmehr selbst, deshalb geht er gestärkt und voller Mut auf diese Reise in die neue mentale Freiheit.

Wer mental schwer angeschlagen ist, kann verständlicherweise nicht von heute auf morgen ein starkes Gefühl des "Selbst-an-sich-glaubens" entwickeln.

Aber mit einem kleinen Trick kann man schon heute starten und sein Vertrauen in sich selbst in kurzer Zeit spürbar stärken:

Die Technik der "Kleinen Schritte"

Man nimmt sich erst einmal ganz kleine Ziele vor, die man absolut locker erreichen kann.

Das ist viel besser, als wieder den steifen Perfektionisten raushängen zu lassen, der heute sagt, ab jetzt werde ich nie wieder einem Zwangsgedanken nachgeben, ich werde hart und eisern sein und...

15 Minuten später schon wieder mitten in einer Grübelorgie feststeckt.

Das ist mega frustrierend.

Es ist besser mit einem ganz kleinen Ziel zu starten, das man ganz einfach schaffen kann. Denn dadurch etabliert man eine neue Gewohnheit in seinem Leben, die schon bald ganz selbstverständlich wird.

Zum Beispiel könnte man sich vornehmen, dass man zu Beginn nur einmal am Tag bei einem aufkommenden Zwangsgedanken nicht mit grübeln reagiert, sondern mit einem starken Gefühl von Vertrauen in sich selbst.

Dieses eine Mal geht man ausnahmsweise nicht auf den Gedanken ein. Stattdessen sagt man sich:

„Ich brauche das nicht, denn ich vertraue mir und gehe fest davon aus, dass alles gut ist mit mir. Es ist normal, dass ich das Gefühl der Sicherheit gerade nicht spüren kann, da es von Angst überlagert wird. Durch Grübeln wird es auch nicht spürbar, das macht es dann nur noch schlimmer."

Man reagiert auf den Zwangsgedanken also nur dieses eine Mal am Tag mit positiver Ignoranz und lässt im Herzen ein warmes Gefühl des Selbstvertrauens entstehen.

Ohne inneren Monolog geht man bei diesem Gedanken davon aus, dass alles gut ist und es keinen echten Grund zur Sorge gibt.

Das kann man schaffen, nur bei einem Gedanken täglich nimmt man sich das zum Test vor.

Wenn man das geschafft hat, ist alles erstmal gut. Das reicht als Übung.

So bringt man sich selbst schnell bei, dass man auf Gedanken auch ganz anders reagieren kann und sich trotzdem kurz nach dem angstauslösenden Gedanken schon wieder gut und voller innerer Sicherheit fühlt.

Rate mal, macht man das jetzt ganz automatisch und ohne Druck öfters genauso?

Ja, so ist es.

Mit dieser kleinen Übung hat man nämlich bei mehrfacher Anwendung eine neue Gewohnheit erschaffen. Bei uns Menschen ist es so, dass wir für **die Einhaltung von Gewohnheiten weniger Willenskraft aufbringen müssen als für einmalige Verhaltensweisen.**

Da das persönliche Tagesziel so klein und realistisch erreichbar ist, wird man sein Vertrauen in die mögliche mentale Freiheit Stück für Stück stärken.

Wie lernt man an sich zu glauben?

Ich lag in meinem Kinderbett und fühlte mich alleine und verloren.

Ich lebte damals in Kitzingen und war in die 5. Klasse ins Gymnasium gekommen.

Das Armin-Knab-Gymnasium war so groß für mich und sehr weit weg. Es lag in einer Ecke der Stadt, in der ich mich nicht wirklich auskannte.

Ich fuhr jeden Tag mit dem Fahrrad in die Schule (ich erinnere mich noch an den Höllenberg, den man fahren musste, kurz bevor man die Schule erreichte).

Dabei war es gar nicht sicher, dass ich es überhaupt aufs Gymnasium schaffen sollte.

In meiner Familie war damals noch niemand auf dem Gymnasium gewesen (auch nicht in der Realschule). Irgendwie schien es bei meinen Eltern und Großeltern nur die Volksschule gegeben zu haben.

Eigentlich war ich die ganze Zeit in der Grundschule von den Noten her ziemlich gut. Der Titel des Rechenkönigs war mir nahezu immer sicher. Das war ein Spiel, bei dem in jeder Ecke des Klassenzimmers ein Schüler stand. Wer zuerst eine komplette Runde absolvieren konnte, der hatte gewonnen.

Die Lehrerin Frau Felser (Name erfunden) stellte eine Multiplikationsaufgabe aus dem Einmaleins und wer das richtige Ergebnis zuerst ausgerufen hatte, der durfte eine Ecke weiter.

Die Spannung war immer unerträglich. Doch es machte mir immer sehr viel Spaß (vermutlich, weil ich meistens gewonnen habe). Nur ein Gegner machte mir hin und wieder den Titel streitig. Jan Witzmann (Name erfunden). Wir lieferten uns epische Rechenschlachten.

Ich mochte Frau Felser sehr gerne.

Doch im ersten Halbjahr der 4. Klasse, da war Frau Felser nicht da. Ich glaube, sie hatte ein Baby bekommen. Deshalb kam eine Vertretungslehrerin. Die mochte ich gar nicht.

Das zeigte sich auch in meinen Noten. 3-mal eine 3 in den Hauptfächern.

Deshalb hatte meine Mutter mich zur Aufnahmeprüfung im Gymnasium angemeldet. Neben mir gingen auch noch 8 weitere Schüler aus meiner Klasse zur Prüfung.

Ich hatte in der Klasse sehr viele Freunde und war anerkannt, fühlte mich wohl und aufgehoben.

Einige Wochen später kamen die Ergebnisse. Von allen meinen Freunden hatte niemand die Aufnahmeprüfung geschafft.

Nur ich.

Doch ich freute mich gar nicht so recht darüber. Klar war ich stolz, dass ich es geschafft hatte, aber das würde auch bedeuten, dass alle meine Freunde weg sind.

Ich weiß noch, als ich dann nach den Sommerferien am ersten Schultag auf dem Pausenhof beim Armin-Knab-Gymnasium stand.

Die Namen der neuen Schüler der 5. Klassen wurden aufgerufen. In der 5a hörte ich einige bekannte Namen aus meiner Grundschule. Keine A-Buddys, aber immerhin bekannte Gesichter.

Nur mich hatte niemand für die 5a aufgerufen.

Ich kann noch heute spüren, wie ich hilflos und alleine auf dem Pausenhof stand.

Ich fühlte mich so schrecklich einsam und verloren.

Alles war so groß, so weit weg, fremd und kalt.

Keine Wärme und Geborgenheit, wie in der Grundschule. Niemanden, den ich kannte.

Ich kam in eine Klasse, in der nur fremde Kinder aus einer anderen Grundschule waren.

Da ich sehr schüchtern war, kam ich auch nicht so einfach mit den neuen Kindern ins Gespräch.

All diese Überforderung entlud sich an dem Abend in meinem Kinderbett.

Ich weinte und fühlte mich schrecklich. Ich war ganz alleine für mich und hatte niemanden, der mir Mut zusprach.

Meiner Mutter erzählte ich nicht, wie es mir ging. Ich wollte das lieber mit mir selbst ausmachen.

Das war damals nicht schön für mich. Aber es hat meine innere Stärke (Resilienz) aufgebaut. Ich musste den **Frust aushalten** und irgendwie **verarbeiten**. Genau das ist ein Baustein, um die innere Widerstandsfähigkeit zu trainieren.

Für innere Stärke ist es wichtig, dass man an sich glaubt.

Das kann man als Kind lernen, kann es aber auch später lernen oder sich wieder darauf besinnen, was man alles (aushalten) kann.

Wenn man daran glaubt, dass man Sachen schaffen und ertragen kann, wenn man daran arbeitet und nicht aufgibt, dann ist das eine sehr gute Voraussetzung für stabile Resilienz.

Ich erinnere mich an ein Erlebnis meiner Kindheit, das mich stark geprägt hat.

Wir lebten in einem Mehrfamilienhaus in Kitzingen mit 8 Parteien. Hinter dem Haus gab es einen großen Gemeinschaftsgarten, in dem jeder Mieter zusätzlich noch ein eigenes Gartenabteil hatte.

Meine Oma wohnte in der Hausnummer 28, wir in der 26, wobei die Häuser miteinander verbunden waren.

Das Gras der großen Gartenwiese war tiefgrün und schon eine Weile nicht mehr gemäht worden. Im Gras waren unzählige Kleeblätter.

Ich war vielleicht 8 Jahre alt und sagte meiner Oma und meiner Mutter, dass ich ein 4-blättriges Kleeblatt suchen möchte.

Ich hatte nämlich irgendwo gehört, dass ein 4-blättriges Kleeblatt Glück bringt. Das wollte ich haben…Glück.

Die beiden lachten und machten mir keine großen Hoffnungen. Die 4-blättrigen seien sehr selten und ich werde keines finden.

Ich suchte trotzdem. Ich weiß nicht wie lange, aber ich saß in diesem grünen, weichen Gras, die Nachmittagssonne schien auf mich und ich suchte den Boden ab wie ein Adler die Felder.

Ich krabbelte über die Wiese und prüfte sorgfältig jedes Kleeblatt, das ich in die Finger bekam.

Nach einer ganzen Weile fand ich tatsächlich voller Freude ein 4-blättriges Kleeblatt. Ich war so glücklich und rannte stolz zu meiner Mutter und Oma.

Ich zeigte es ihnen und sie konnten es gar nicht fassen, dass ich wirklich eines gefunden hatte.

Diese Botschaft hat sich bei mir eingeprägt und wird mich mein Leben lang begleiten:

Wenn mir jemand sagt, etwas geht nicht, dann glaube ich das nicht zwangsläufig. Ich versuche es erst einmal selbst, wenn ich es möchte und gebe nicht auf, dann werde ich es schon schaffen.

Immer wieder höre ich von Betroffenen, die irgendwo gehört oder gelesen haben, dass man Zwangsgedanken nie komplett loswerden kann.

Ich sage diesen Betroffenen, dass es sicher möglich ist. Ich selbst habe es geschafft, aber ich bin keine Ausnahme.

Ich habe bislang schon persönlich viele Betroffene begleitet, denen es ebenfalls gelungen ist, die Zwangsgedanken hinter sich zu lassen und - die wie ich - ein mentales 4-blättriges Kleeblatt des Glücks gefunden haben.

Für innere Stärke ist also **Selbstwirksamkeit** wichtig.

Das bedeutet, man glaubt daran, dass man selbst dazu beitragen kann, dass sich Sachen so entwickeln, wie man das möchte. Man ist davon überzeugt, dass man im Leben etwas erreichen wird, wenn man sich dafür einsetzt.

Wenn man an sich und seinen gewohnten Denkroutinen arbeitet, dann ist es auch möglich, ein entspanntes Leben frei von Zwangsgedanken zu führen.

Ich möchte noch erwähnen, dass **jeder gesunde Mensch hin und wieder seltsame oder beängstigende Gedanken hat**. Wenn Betroffene ihre Zwangsgedanken also erfolgreich überwunden haben, dann sollten sie einkalkulieren, dass sie trotzdem ab und zu einen komischen Gedanken haben werden. Das ist ganz normal und unbedenklich.

Was bringt positives Denken?

Es gibt einen schönen Spruch:

„Wenn das Leben Dir Zitronen gibt, mach Limonade daraus."

Man kann ein Glas als halb voll sehen oder als halb leer. Beides ist wahr. Die eine Sichtweise fühlt sich gut an, die andere eher nicht.

Positives Denken ist auch eine Trainingssache, an die man sich gewöhnen kann.

Wenn man vor allem erst einmal negativ denkt, dann liegt das meiner Erfahrung aus vielen Coachings nach daran, dass die Betroffenen ein Elternteil hatten, das eher ängstlich und negativ war.

Diese Sichtweise wurde angenommen, selbst wenn man die Art des Elternteils eigentlich gar nicht gut fand.

Wenn man sich solche gelernten Denkmuster nicht ins Bewusstsein ruft und hinterfragt, ändern sich diese auch im Erwachsenenalter nicht einfach so.

Es gilt also, sich bewusst eine neue, positivere Sichtweise im täglichen Leben anzugewöhnen.

Gerade intelligente Menschen neigen dazu, alles erst einmal kritisch zu sehen und zu hinterfragen.

Sokrates sagte einmal:

„Ich weiß, dass ich nichts weiß."

Für Menschen mit Zwangsgedanken ist diese Wahrheit sehr schwer zu verdauen, denn gerade einen sehr negativen Gedanken möchten sie instinktiv genau verstehen.

Warum denkt man das?

Ist da was dran?

Wie war das nochmal genau in der Situation damals?

Was habe ich da und da empfunden?

Alles wird genau hinterfragt und schonungslos analysiert.

Dabei wäre ein Gedanke wie dieser viel gesünder und entspräche auch der Wahrheit:

Ach mir egal, was ich da gedacht habe. Mit mir ist schon alles gut bzw. in der Situation war schon alles in Ordnung.

Denn man denkt ja nicht so viel nach, weil man ein böser Mensch ist. Genau das Gegenteil ist der Fall.

Man will niemandem Unrecht tun und ist sich selbst gegenüber extrem kritisch.

Man ist einfach zu gut für diese Welt, deswegen macht man keine anderen Menschen fertig, **sondern sich selbst.**

Man glaubt, dass man alles ganz genau verstehen muss. Nur so kann man ein entspannendes Gefühl der inneren Sicherheit wahrnehmen und das möchte man so gerne.

Gibt es noch ungeklärte Aspekte, dann verliert man sich in Gedankenreisen, die kein Ende kennen und auch zu keinem Ergebnis führen.

Welche positive Sichtweise wäre also gesünder und entspräche der Realität?

Nun, auch 90 % Leistung sind eine Note 1.

Perfektion ist eher ein Hindernis als ein erstrebenswertes Ziel.

Was ist denn eigentlich das große Ziel im Leben?

Ich finde, das große Ziel ist es glücklich und unbeschwert zu sein.

Dazu ist es wichtig sich einzugestehen, dass man nicht jede Nuance des Lebens oder unserer Gedanken immer zu 100 % verstehen kann **und auch nicht muss**.

Das Leben besteht nicht aus Schwarz und Weiß, sondern auch aus ganz viel Grau.

Doch dieses Grau sollte man für sich selbst als neues bunt ansehen.

Denn es gibt einem das Gefühl, dass man auch mal was falsch machen darf und es ist nicht schlimm. Ein schlechter Gedanke oder eine schlechte Tat bedeutet nicht gleich, dass man ein schlechter Mensch ist.

Fehler bringen neue Erkenntnisse und Lerneffekte, sodass das Streben nach Perfektion eine große Bremse für die persönliche Weiterentwicklung ist.

Deswegen sollte man Fehler als Chance sehen, sich weiterzuentwickeln. Fehler sind menschlich und nicht zu vermeiden.

Wenn man künftig also ein Ereignis reflexartig als negativ bewertet, dann sollte man innehalten. Nun fragt man sich, welche positiven Aspekte und Lerneffekte einem dazu einfallen, wenn man mal mit etwas Abstand darüber nachdenkt.

So lernt man mit der Zeit, mehr und mehr positive Sichtweisen wahrzunehmen.

Hier eine kurze Zusammenfassung zu Punkten, die einem beim positiven Denken helfen:

- Fehler sind okay, dadurch lernt man
- Veränderungen sind okay, man wird sie meistern und daran wachsen
- Welche positiven Dinge fallen einem in Bezug auf ein Ereignis ein? Durch diese positiven Überlegungen fühlt man sich gleich besser und entspannter

Wie man sich gern hat und dadurch erstarkt?

Warum ist es eigentlich so wichtig, positiv über sich und das Leben zu denken?

Ganz einfach, weil man dadurch mehr Vertrauen in sich schöpft. Dadurch lebt man eher in einem Gefühl, dass man die Kontrolle über sein Leben hat.

Nicht die realistische Selbsteinschätzung macht einen glücklich und zuversichtlich, sondern die Sichtweise durch eine leicht übertriebene Positiveinfärbung des eigenen Lebens und Könnens.

Wer zum Beispiel nach einem Kreuzbandriss ganz realistisch analysiert:

"Ich bin Anfang 40, übergewichtig, mache zu wenig Sport und der Kreuzbandriss war sehr kompliziert, sodass ich das Knie nie mehr wie früher nutzen kann."

der schätzt seine Lage vielleicht treffend ein, aber fördert damit eher eine depressive Stimmung.

Wer seine Situation aber etwas übertrieben gut betrachtet, dem geht es einfach besser und **der fördert ironischerweise auch**

tatsächlich eine bessere körperliche Genesung, sodass er sein verletztes Knie möglicherweise doch wieder ganz ohne Einschränkungen nutzen kann.

Wie sieht zum Beispiel so ein Blick durch die rosarote Brille aus?

„Ich bin erst Anfang 40, ich nehme einfach ein paar Pfunde ab, stärke meine Kniemuskulatur, sodass ich mein verletztes Knie bald wieder super nutzen kann."

Es ist daher empfehlenswert, sich eine solche positive Denkweise anzueignen, denn damit geht es einem nicht nur psychisch viel besser, man erreicht damit auch einfach tatsächlich bessere Ergebnisse in jedem Bereich des Lebens.

Manche Betroffene schreiben mich ganz verzweifelt an, weil sie irgendwo im Internet gelesen haben, dass man Zwangsgedanken nie komplett loswird. Selbst wenn es ihnen eigentlich gerade ziemlich gut ging, verlieren sie durch solche pessimistischen Aussagen den Mut.

Dabei ist es auf jeden Fall möglich, frei und glücklich ohne Zwangsgedanken leben zu können. Ich bin der beste Beweis. Ich kenne aber auch etliche Betroffene, denen es ebenfalls gelungen ist, die Zwangsgedanken zu besiegen.

Das heißt aber nicht, dass man nie wieder was Blödes denkt (jeder normale Mensch denkt hin und wieder sehr schräge Sachen). Man bewertet künftig solche Gedanken aber richtig und stürzt deswegen nicht wieder in eine mentale Krise.

Ich zeige Dir nun eine schöne Übung, bei der man sich bewusst machen kann, welche Stärken man hat.

Jemand, der von sich selbst ein positives Selbstbild hat, der geht zuversichtlicher in die Zukunft und glaubt daran, dass er Probleme schon gelöst bekommt.

Das sorgt dafür, dass man mit **tatsächlichen Problemen besser umgehen kann und sie einen nicht so sehr belasten.** Wenn das der Fall ist, dann treten automatisch auch weniger **Überlastungs**gedanken aka Zwangsgedanken auf, da man sich durch das Leben nicht mehr so belastet fühlt.

Bei dieser netten Bastelübung machen wir uns zunächst eine kleine Liste an positiven Fähigkeiten bzw. Eigenschaften, die man hat.

Man kann sich bei folgenden Bereichen fragen, was man gut kann?

Es geht nicht darum, dass man hier nur herausragende Fähigkeiten für die Checkliste aufzählt, sondern auch vermeintliche Kleinigkeiten (man selbst macht sich gerne zu klein).

Hier nun zu den Bereichen (das ist keine abschließende Aufzählung, individuelle Ideen sind gerne zu ergänzen):

- Berufliche Fähigkeiten, z.B. Umgang mit komplexer Software, Fachwissen etc.
- Sportliche Leistungen, z.B. sportliche Erfolge, man ist stolz, weil man regelmäßig was macht etc.
- Handwerkliche Fähigkeiten, z.B. man kann gut Heimwerkerprojekte umsetzen
- Soziale Fähigkeiten, z.B. hohe Empathie im Umgang mit anderen Menschen, Kindskopf, den alle Kinder lieben, guter Zuhörer, witziger Kollege
- Diverse Fähigkeiten, z.B. willensstarker Leistungsmensch, überdurchschnittliche Intelligenz, guter Leser von Büchern, zuverlässiges Elternteil, guter Autofahrer, jeden Tag mit dem Rad zur Arbeit fahren etc.

Jetzt hast Du Dir eine schöne Liste von Dingen, die Du gut kannst, zusammengetragen.

Nun visualisierst Du das kreativ auf einem größeren Blatt (mindestens mal DIN A 3).

Lass bitte den kreativen Freigeist raus und bring Deine Fähigkeiten ansprechend aufs Papier.

Du hast nun ein ganz tolles Plakat erstellt, auf dem es nur um Dich und Deine positiven Eigenschaften geht.

Stell Dich bitte regelmäßig vor Dein Plakat und schau es Dir ganz in Ruhe an.

Du darfst eine warme Woge des eigenen Selbstwertgefühls spüren und genießen.

Jedes Mal, wenn Du Dich vor Dein **I-like-Me Plakat** stellst und es Dir genüsslich anschaust und betrachtest, was Du alles gut kannst, dann wird Dich das mental stärker und somit widerstandsfähiger machen.

Wie Du der Boss Deiner Gedanken bleibst?

Wenn man Kinder hat, achtet man automatisch viel mehr auf die Schreckensmeldungen, die da draußen im Umlauf sind.

Kind wird in eigener Familie missbraucht...

Hier ein Pädophilen Ring aufgeflogen...

Da ein Kind von einem Betrunkenen überfahren...

Wenn man solche Meldungen hört und mit einer guten Empathie gesegnet ist, stellt man sich automatisch vor:

Was wäre, wenn das meinem Kind passiert...

Man malt sich die Situation in der eigenen Vorstellung bildlich aus und wird zwangsläufig von Angst und Sorge geplagt.

Wen wundert es, dass man sich schlecht dabei fühlt, wenn man sich so einen mentalen Horrorfilm reinzieht, in welchem das eigene Kind die tragische Hauptrolle spielt.

Ist doch klar, dass man sich dann ganz schlecht fühlt, oder?

Das machen Menschen aller Art ganz gerne (nicht nur die mit Zwangsgedanken). Sie stellen sich vor:

Was wäre, wenn...

- *ich meinen Job verliere, wie zahle ich dann alle Rechnungen?*
- *ich heute beim Arzt gesagt bekomme, dass ich Krebs habe*
- *ich einen Korb bekomme, sobald ich diese Frau anspreche?*
- *ich mich bei dem Vortrag vor meinen Kollegen verspreche und etwas Peinliches sage?*

Diese inneren Szenen bleiben nicht ungefühlt.

Jede dieser Vorstellungen löst bei uns Gefühle wie Angst, Zweifel, Aufregung, Scham, Aufregung etc. aus.

In diesen negativen Vorstellungen kann man sich verlieren und fühlt sich so, als wären diese eingebildeten Situationen passiert.

Doch man hat die Macht, dieses kleine Schauspiel zu enttarnen und sich selbst zu bremsen.

Man sagt sich ein inneres **STOPP**.

Man macht sich bewusst, dass doch alles gut ist und beendet entschlossen diesen Gedankenfilm wie eine schlechte Talkshow. Knips. Aus. Ruhe.

Ein wichtiger Schritt, um sich besser zu fühlen ist Verantwortung für das eigene Denken und die dadurch ausgelösten Gefühle zu übernehmen.

Man ist schließlich kein Opfer der eigenen Gedanken, sondern hat die Macht zu sich selbst Schluss zu sagen und unerwünschte Gedanken und Bilder zu beenden bzw. ihnen keine Aufmerksamkeit zu schenken.

Selbst wenn sie noch eine Weile wie ein nerviges Gedanken-Abo ihre Gedanken-Lieferungen aussenden, beschließt man, diese unbehaglichen Gedankenvorführungen nicht mehr zu besuchen.

Dadurch steigert man seine Resilienz, denn man spürt, dass man seinen Gedanken und verbundenen Gefühlen eben nicht hilflos ausgeliefert ist.

Warum soziale Bindungen so wichtig sind?

Morgens um 7.20 Uhr.

Du bist bei Dir im Büro und läufst gerade den langen, schmalen Gang entlang, der zu Deinem Zimmer führt.

Du teilst Dir Dein Zimmer mit 3 Kollegen.

Manuel ist Euer „Nachrichtenkommentator" im Zimmer. Jeden Morgen schimpft er erst einmal (mindestens) eine Stunde lang über das politische und gesellschaftliche Geschehen im Ort, im Land und auf der Welt.

Am Anfang hast Du noch den Fehler gemacht, dass Du bei offensichtlich schwachsinnigen Ansichten versucht hast in eine Diskussion mit Manuel einzusteigen.

Doch schnell hast Du gelernt, dass dieser Versuch noch anstrengender ist, als das Gelaber einfach schweigend und gelegentlich nickend über sich ergehen zu lassen.

Neuerdings rufst Du in der Zeit des politischen Frühstücks-Talks mit Manuel einfach Kunden an, sodass Du wirksam abgelenkt bist.

Mira ist eine weitere Kollegin von Dir. Sie hat Allergien gegen Stoffe, die Du nicht einmal schreiben kannst. Zudem will sie Dich gerne in die vegane Welt missionieren, wenn Du mittags in Dein Gelbwurstbrötchen beißt.

Als Du Mira einmal erklärt hast, dass sie das doch lassen soll, eskalierte sie komplett. Sie kam mit der „rüden" Ablehnung nicht klar und musste erst einmal 3 Wochen auf Krankenschein von Deinem Mobbing ausspannen.

Als sie wieder da war, kontaktierte sie euren Chef Lars, der Dich daraufhin in einem persönlichen Gespräch gebeten hat, andere Meinungen zu akzeptieren und nicht immer provokant in Deine Wurschtsemmel zu beißen, wo Du doch weißt, dass Mira überzeugte Veganerin ist und es sie sehr belastet, wenn sie sieht, wie arglos Du mit ihrer Einstellung umgehst.

Der dritte Kollege in Deinem Zimmer ist Holger. Er hatte offenbar den Plan, der nächste Teamleiter zu werden. Meine Güte, das ist eigentlich keine große Sache, ihr seid doch nur zu viert und der Teamleiter hat bloß einen geringen Mehrverdienst (und dafür mehr Arbeit und Verantwortung). Holger aber ging die Sache an, als ob es um die nächste Präsidentschaft ging.

Er ging über Leichen. Es verging kaum ein Tag, an dem er Dich und Deine Kollegen nicht versuchte in die Pfanne zu hauen. Gegenüber Kunden, anderen Kollegen, am liebsten aber gegenüber eurem aktuellen Chef Lars, der nächstes Jahr wohl die nächste Stufe der Karriereleiter erklimmen würde.

Du hast Holger daher in Gedanken immer nur noch „die Ratte" genannt. Anderen Kollegen gegenüber hast Du diesen Spitznamen aber nie öffentlich ausgesprochen.

Am besten war aber immer, wenn Holger seinen Wutanfall bekam (etwa einmal pro Woche).

Neulich hatte er nämlich bei einem wichtigen Kunden was verbockt und musste daraufhin zu Lars ins Büro. Als er wieder zurück ins Zimmer kam hatte er 3 Minuten übelst vor sich hin geflucht und jeder wusste, dass man ihn jetzt bloß nicht ansprechen oder ansehen durfte.

Ein destruktives Umfeld wie in diesem erfundenen Beispiel kann uns schaden und mental sehr belasten.

Wenn man selbst eigentlich ein sehr positiver Mensch ist, man aber immer in einem solch anstrengenden und negativen Umfeld tätig ist, dann färbt diese negative Stimmung automatisch auf einen ab.

Zum Glück funktioniert das auch andersherum.

Ein tolles Team auf der Arbeit mit lauter positiven Menschen gibt einem Halt und Stärke, sodass man gleich viel besser gelaunt ist.

Daher ist es wichtig, auf sein Umfeld zu achten.

Gute und wohltuende Beziehungen zur Familie, zu Freunden oder eine glückliche Partnerschaft verringern unser Stresslevel deutlich und fördern unsere innere Stärke.

Ein gutes soziales Netzwerk ist daher für ein gesundes und glückliches Leben sehr bedeutsam.

Es ist gut, wenn man Menschen hat, mit denen man die kleinen und großen Probleme und die Herausforderungen des Lebens besprechen und teilen kann.

Doch das ist keine Einbahnstraße. Wenn wir für jemanden da sind, der Probleme und Sorgen hat, ihm helfen und Trost spenden, dann macht uns das selbst glücklich.

Man sollte daher darauf achten, dass man (auch in stressigen Zeiten) seine Beziehungen und Freundschaften pflegt, denn gute soziale Bindungen sind ein wichtiger Pfeiler für innere Stärke und Glück.

Welche Power-Denkweisen (re)aktivieren den Superhelden in Dir?

Ergänzend zu den anderen mentalen Power-Strategien, über die wir bisher schon gesprochen haben, gebe ich in diesem Kapitel eine Zusammenstellung von weiteren Power-Denkweisen, die den Superhelden in Dir (re)aktivieren können.[3]

Krisen sind lösbare Probleme

Kleine und große Krisen gehören zum Leben. Man sollte daran glauben, dass es vorbei geht.

Wie ein Seefahrer, der auf weiter See nur das endlose Meer sieht, der aber weiß, dass wieder Land kommt, wenn er immer konsequent auf Kurs bleibt.

Positiv für den Lebensmut und das erlebte Glücksempfinden ist es sich vorzustellen, wie es nach der Krise sein wird und was man jetzt dafür tun kann, dass es wieder besser wird.

---

[3] Vgl. Website der American Psychological Association, auf der Wege zu mehr seelischer Widerstandskraft vorgestellt werden (https://www.apa.org/topics/resilience)

3-Satz für Probleme

Manchmal wird man mit einem Problem konfrontiert, zu dem einem nicht gleich eine Lösung einfällt.

Das kann einen ganz schön stressen und beunruhigen.

Deshalb habe ich für mich einen einfachen 3-Satz entwickelt, der mir in einer Problemsituation dabei hilft, keine paniktrunkenen Schweißperlen auf der Stirn zu haben.

Hier ist mein 3-Satz für Probleme:

1. Ruhig bleiben
2. Lösung überlegen
3. Umsetzen und darauf vertrauen, dass alles klappen wird

In schwierigen Situationen positive Elemente erkennen

Stell Dir vor, Du gehst nichtsahnend zur Arbeit und wirst entlassen. Das ist erst einmal ein Schock.

Wenn Du nicht finanziell komplett unabhängig bist (wer ist das schon), dann kann einem diese plötzliche Wendung im bekannten Alltag Herzrasen und viele Sorgenfalten bescheren.

In einem solchen Moment hilft es, wenn man sich überlegt, welche positiven Elemente sich durch die neue Situation ergeben können.

Vielleicht war man länger schon mit manchen Dingen bei der Arbeit unzufrieden, war aber zu bequem, um sich nach einer Alternative umzusehen?

Oder man wollte sich schon seit einiger Zeit gerne beruflich verändern, jetzt wird man quasi ins kalte Wasser geschubst und kann die Situation nutzen, um tatsächlich neue berufliche Wege zu gehen. Wer weiß, vielleicht stellt sich die Kündigung des Jobs in wenigen Monaten schon als glückliche Wendung des Schicksals heraus!

Veränderungen gehören zum Leben

Stell Dir vor, Tom hat einen Job, bei dem alles gut für ihn passt. Er arbeitet in einer Firma mit einigen tausend Mitarbeitern. Er hat dort schon seine Ausbildung gemacht. Tom kennt alle Abläufe von der Pike auf.

Mittlerweile arbeitet er schon 10 Jahre im Unternehmen, hat sich hochgearbeitet. Der Verdienst ist stetig etwas angestiegen. Er ist super integriert, kennt alle Kollegen, ist allseits beliebt.

Auch der Weg zur Arbeit ist nicht allzu lange. Er kann gemütlich in 10 Minuten mit dem Rad zur Arbeit fahren, sodass er nicht mal Geld für Sprit ausgeben muss.

Seine Kollegen schätzen sein Fachwissen und seine Zuverlässigkeit. Er ist zwischenzeitlich sogar selbst der Ausbilder im Unternehmen.

Alles läuft bestens in seinem Job. Oder soll ich sagen lief bestens?

Vor einigen Tagen hatte er über die Presse erfahren, dass sein Arbeitgeber von einem internationalen Mitbewerber aufgekauft wurde.

Es heißt, dass der Großteil der Standorte in Deutschland geschlossen wird. Toms Standort wird wohl auch betroffen sein.

Von einem Tag auf den anderen bricht für Tom eine Welt zusammen. Mit seiner bisher gesicherten Existenz schliddert er plötzlich in eine ungewisse Zukunft.

In einer solchen Situation ist innere Stärke sehr wichtig, damit man das Beste aus einer Veränderung machen kann.

Tom muss akzeptieren, was er nicht ändern kann. Die Situation über längere Zeit zu beklagen, kostet nur seine Energie.

Natürlich ist es traurig, dass diese schöne Arbeitsstelle nun nicht mehr existiert. Klar, die ignoranten Säcke vom Mitbewerber kümmern sich nicht um die Arbeitnehmer des geschluckten Unternehmens und sind nur bestrebt, ihre Gewinne zu maximieren.

Freilich ist das ungerecht und man kann sich tierisch darüber aufregen. Es zieht einen aber nur runter und ändert nichts.

Daher ist es wichtig, den Fokus möglichst bald wieder auf die Dinge zu legen, die man ändern kann. In unerwarteten Situationen flexibel zu bleiben ist hilfreich und erstrebenswert.

Tom sollte sich selbst vertrauen, aber auch anderen. Er kann was, hat eine gute Ausbildung und berufliche Erfahrung. Er sollte daran glauben, dass diese Fähigkeiten auch von anderen Unternehmen wertgeschätzt werden.

Er steht jetzt dem Arbeitsmarkt wieder zur Verfügung. Wie ein Fußballprofi, der auf dem Transfermarkt gehandelt werden kann. Wer weiß, vielleicht findet Tom eine neue Arbeitsstelle, die für ihn sogar den ein oder anderen Vorteil bietet.

Doch von nichts kommt eben nichts.

Tom sollte sich nicht zu lange in Selbstmitleid baden (ein bisschen jammern am Anfang darf man aber schon). Er sollte mit voller Energie aktiv werden und sein Problem angehen.

Dazu gehört, dass er seine Bewerbungsunterlagen einem Upgrade unterzieht und sich an jedem Tag ein gewisses Zeitfenster für die Beobachtung des Arbeitsmarktes und die Erstellung von guten Bewerbungen einplant.

Später sollte er in seinem Zeitfenster auch ausreichend Zeitbudget für Bewerbungsgespräche einplanen. Wenn Tom so vorgeht, dann wird er sich nicht wie ein arbeitsloser Verlierer fühlen.

Ganz im Gegenteil, er wird sich produktiv fühlen und er wird wahrscheinlich schneller einen guten Job finden, als er es sich zunächst vorstellt.

Ziele erreichen

Tägliche Ziele geben dem Leben eine Struktur. Wer sich tägliche Ziele setzt ist produktiv und fühlt sich gut, weil er spürt, dass er etwas bewegt.

Es gibt verschiedene Kategorien von Zielen.

Ziele, die man am heutigen Tag erledigen möchte, wie z.B. Laufen gehen und einen Termin beim Arzt vereinbaren.

Mittlere Ziele, wie zum Beispiel ein Buch schreiben (ich spreche da aus Erfahrung).

Große Ziele wie z.B. eine Familie gründen.

Für meine mittleren Ziele habe ich ein Notizbuch, da schreibe ich mir Dinge rein, die ich gerne machen möchte, die ich erreichen möchte, die mir wichtig sind. Das betrifft alle Bereiche, wie Beruf, Familie, persönliche Wünsche.

Daraus picke ich mir dann einmal in der Woche Dinge heraus, die ich dann auf meiner täglichen To-Do Liste habe. Das ist einfach ein weißer Briefblock, auf den ich schreibe, was ich heute erledigen bzw. umsetzen möchte.

Wenn ich etwas geschafft habe, dann streiche ich es mit meinem gelben Marker durch. Das ist ein gutes Gefühl.

Bei diesen Aufgaben handelt es sich in der Regel um kleinere Dinge, die ich am gleichen Tag erledigen kann. Das können auch kleine Teilaufgaben eines größeren Projektes sein.

Beispiel:

- Newsletter schreiben
- Taucherbrille bestellen
- Arzttermin verschieben
- 10 Mails beantworten usw.

Wenn ich meinen Marker ansetzen kann und eine Aufgabe als erledigt wegstreiche, fühle ich mich gut und produktiv.

Bei der Erreichung der Ziele sollte man aber flexibel bleiben und den Druck nicht zu groß werden lassen. Manchmal verhindern auch äußere Umstände das Erreichen eines kleinen oder größeren Zieles.

Wenn ich zum Beispiel heute nur 6 der 8 Tagesziele erreicht habe, dann ist das auch komplett in Ordnung. Der Rest wird dann einfach auf den Folgetag übertragen.

Ziele und Visionen haben auch den großen Vorteil, dass man durch sie schwierige Situationen überstehen kann.

Man kann sich zum Beispiel sagen:

Okay, jetzt habe ich gerade eine Scheiß-Situation, die kann ich momentan nicht ändern. Aber ich kann sie durchstehen, kann überleben und auf etwas hinarbeiten, was mir wichtig ist.

Entschlossen handeln

Bei vielen Menschen mit Zwangsgedanken stelle ich fest, dass sie im wahren Leben ein Problem haben. Dieses Problem sollte ihnen echte Sorgen bereiten und man täte gut daran, sich um eine Lösung zu kümmern.

Stattdessen fokussieren sich Betroffene auf die Zwangsgedanken, die ihren Alltag so sehr beeinträchtigen, dass sie sich nur schwer um die Lösung anderer Probleme kümmern können.

In meinem Online Coaching Kurs vergleiche ich dieses Phänomen mit einem Feuer und einem Feueralarm. Das Feuer, das ist das echte Problem im Leben, wie zum Beispiel Existenzsorgen / Zukunftssorgen.

Der Feueralarm ist laut, den hört man, das sind die Zwangsgedanken.

Doch würde man das Feuer löschen, wäre auch der Feueralarm nicht mehr nötig und könnte verstummen.

Betroffene versuchen aber mit aller Kraft den lauten Feueralarm abzustellen (also die Zwangsgedanken). Doch das Feuer ist das eigentliche Problem, um das man sich sorgen sollte.

Es ist daher wichtig, Problemen mutig ins Auge zu sehen und nicht einen auf Vogel Strauß zu machen.

Man fühlt sich viel besser, wenn man entschlossen nach Lösungen für die echten Probleme sucht, sodass diese auch gelöst werden können.

Ein gelöstes Problem ist wie ein sehr großer und schwerer Stein, der einem vom Herzen fällt. Erst wenn der Stein fällt, merkt man, wie schwer die Last doch war, die man die ganze Zeit unbemerkt getragen hat.

Wenn man sich das Problem einmal bewusst gemacht hat, sollte man daher selbst die Initiative ergreifen und sich nicht darauf verlassen, dass die schwierige Situation von allein besser wird oder verschwindet.

Das kommt zwar mitunter auch vor, aber besser ist es, selbst die Kontrolle über Lösungsmöglichkeiten zu ergreifen.

Sich selbst positiv sehen

Dieser Punkt ist für Menschen mit Zwangsgedanken bedeutend. Nach meiner Erfahrung gab es bei Betroffenen sehr oft folgende Situationen in der Kindheit:

- Eltern, die einen überbehüten (und damit unabsichtlich dafür sorgen, dass man kein starkes Selbstvertrauen aufbaut)

- Eltern (oder ein Elternteil), die ziemlich streng und pingelig sind und damit das Kind oft stressen

- Eltern (oder ein Elternteil), die selbst unter einem psychischen Problem leiden und damit (ungewollt) indirekt das Kind belasten

Es ist für Menschen mit Zwangsgedanken daher sehr wichtig, sich selbst zu vertrauen und das Vertrauen in sich selbst zu stärken.

Man sollte daran glauben, dass man in der Lage ist Probleme zu lösen.

Man könnte sich etwas sagen wie:

Ich bin stark und verfüge über einen wachen Geist, scharfe Instinkte und eine überdurchschnittliche Empathie. Deshalb habe ich genügend Kraft, um Herausforderungen zu überstehen.

Gutes erwarten und positiv denken

Wenn man an die Zukunft denkt, dann sollte man eine Brille voller Optimismus tragen. Das ist deutlich besser, als immer nur das Schlechte zu erwarten.

Es ist auch eine Frage der Übung, einem Umstand stets etwas Positives abzugewinnen.

Beispiel:

Neulich hatte ich im Zuge einer nächtlichen Zuckerjagd das letzte Mandeleis meiner Freundin aus dem Gefrierschrank „gestohlen" und verputzt.

Leider ist der Diebstahl einige Tage später aufgeflogen. Ausgerechnet an einem Sonntagabend wurde ich erwischt. Wir hatten an diesem Tag einen Ausflug gemacht und ich war echt kaputt. Normalerweise hätte ich das Haus nicht mehr verlassen, da mein Sinn eher nach einem gemütlichen Abend stand.

Die Reaktion meiner Freundin zeigte aber eindeutig, dass ich mit dem Diebstahl des Mandeleises keine milde Strafe erwarten konnte und auch meine Verhandlungsbemühungen, dass ich doch morgen eine neue Packung Mandeleis kaufen könne, schlugen fehl.

Ich musste also tatsächlich noch mal raus und zur Tanke fahre. Es gibt eine Tankstelle, die ist 1 km weg.

Ich wollte aber der Misere etwas Positives abgewinnen. Das Wetter war schön und sonnig, sodass ich beschloss, die 5 km weiter entfernte Tankstelle zu besuchen, mein Cabrio aufzumachen, laute Musik zu hören und die Sonne zu genießen.

Der anfängliche Frust wich schnell einer Tiefenentspannung.

Als ich an der Tankstelle war nutzte ich die Gelegenheit und tankte gleich, denn das hätte ich sonst Montag früh machen müssen, wenn ich die Kinder zur Schule bzw. zum Kindergarten fahre.

Ich war zufrieden, da ich die Tankmission jetzt schon vorgezogen hatte.

Natürlich hätte ich mich auch die ganze Fahrt über die Kleinlichkeit meiner Freundin aufregen können. Stattdessen versuche ich seit langer Zeit aus jeder Situation etwas zu machen, was sich für mich gut und positiv anfühlt.

Es wird alles gut bei mir werden und wenn es mal Probleme gibt, dann finde ich Lösungen.

Mit dieser Einstellung bist Du voller Lebensmut und kannst das Hier und Heute genießen. Das macht Dich entspannt, stark und glücklich.

Sei Dir ein guter Freund und kümmere Dich um Dich

Menschen mit Zwangsgedanken kümmern sich gerne um andere und vergessen nur allzu gerne sich selbst.

Man sollte aber erkennen, dass man ohne ein glückliches und zufriedenes ICH auch für andere nicht der Mensch sein kann, der man eigentlich ist.

Deshalb macht es Sinn, auf seine innere Waage zu achten.

Es ist völlig okay, an sich selbst zu denken und sich einzugestehen, dass die eigenen Bedürfnisse und Gefühle sehr wichtig sind.

Man darf für sich selbst Dinge finden, die

- einem Spaß machen
- einem gut tun und entspannen
- für körperliche Auslastung sorgen

Das ist kein Luxus, den man sich nicht gönnen kann, weil man so viel zu tun hat.

Es ist ja auch kein Luxus, dass man mit seinem Auto zum Tanken fährt und ab und an mal in die Werkstatt. Es ist notwendig, dass zu tun, damit das Auto funktioniert und fahren kann. Das leuchtet jedem ein.

So ist es aber auch mit unserem Körper und unserer Seele.

Ohne regelmäßige Achtsamkeit und Pflege DIR selbst gegenüber, kommen irgendwann natürlich Probleme auf Dich zu, wie z.B. Zwangsgedanken.

Mute Dir daher nicht zu viele Baustellen auf einmal zu.

Fange nicht eine Weiterbildung an, werde dabei schwanger und wechsle den Job und Partner.

Das ist zu viel. Geh gut mit Deinen inneren Kräften um, das schützt Dich und Deine innere Stärke, sodass keine Zwangsgedanken auftreten und man fit und glücklich ist.

Auch Superhelden hängen mal durch

Innere Stärke heißt auch, dass man mal innere Schwäche haben darf und phasenweise richtig mies drauf ist (z.B. in Lebenskrisen).

Diese Phase der Niedergeschlagenheit und Traurigkeit ist aber nicht für ewig.

Nach einer gewissen Zeit rappelt man sich wieder auf und findet Wege, um in ein glückliches Leben zurückzukehren.

Nach einem schweren Niederschlag steht man wieder auf und ist gestärkt und in der Persönlichkeit gereift.

Als mich damals mit Anfang 20 meine erste große Liebe nach 3 Jahren Beziehung verlassen hatte, war ich zutiefst deprimiert. Nichts schien mehr Sinn zu machen und ich lief wie betäubt durch die Welt.

Als ich dann noch durch Zufall erfahren hatte, dass der Grund für die Trennung eine Liebschaft mit meinem besten Freund war, fühlte es sich an, als hätte man mir ein Messer voller Verrat und Wut ins Herz gerammt.

Ich wollte mit niemandem darüber sprechen, wollte mich tagsüber in meinem Zimmer verkriechen und am Abend allein in die Disco fahren, in der ich meinen Kummer mit Alkohol zu lindern beabsichtigte.

Inmitten der lauten Musik stand ich da, voller Trauer, beobachtete die fröhlichen Menschen und sprach mit keinem.

Mein Leben als stummer Disco Zombie ging etwa 2 Wochen.

Dann stellte ich fest, dass ich gar nicht mehr so traurig war.

Mir ging es plötzlich wieder besser und der von Selbstmitleid durchtränkte Kummer wich einem gedanklichen Frühling, in dessen Frische ich mich wieder leichter, zuversichtlicher und glücklicher fühlte.

Ich erkannte, dass es weiter geht und freute mich nun wieder auf mein kommendes Leben. Ich hatte die Beziehung und die Trennung überwunden.

Ich ging aus dem ersten großen Beziehungsende meines Lebens gestärkt und mit neuem Selbstbewusstsein sowie voller Zuversicht heraus.

Gut ist gut genug

Menschen mit Zwangsgedanken sind in der Regel in Perfektion verliebt. Doch diese Freundin ist nicht gut für einen.

Man sollte sich von ihr trennen und erkennen, dass Fehler okay sind. Auch mit 90 % bekommt man noch eine 1.

Man setzt sich selbst oft viel zu sehr unter Druck. Den größten Stress macht man sich in der Regel ganz allein.

Man sollte versuchen darauf zu vertrauen, dass man Probleme und Aufgaben schon schaffen wird, auch wenn das ein oder andere schief geht.

Selbst ein Scheitern ist nicht so schlimm. Die Welt geht davon nicht unter.

Man muss auch nichts perfekt machen.

Gut ist gut genug.

Last but not least, hier noch eine Art globaler Leitsatz, der Dich wie ein Navigationssystem sicher auf Kurs hält...

Vertraue darauf, dass alles gut ist oder gut wird.

Falls es Probleme gibt, wisse, Du bist stark, schlau und kannst Lösungen finden. Jeder hat Probleme oder mal mit sich zu kämpfen. Vertraue Dir. Du bist ein guter Mensch.

6. Wie bleibt man ohne Mühe dauerhaft frei von Zwangsgedanken?

Was man über Selbstwirksamkeit wissen sollte?

Betroffene, die sich wegen ihren Zwangsgedanken bei mir melden, leiden oft lange (teilweise viele Jahrzehnte) und intensiv an diesen Gedanken.

Es ist menschlich, dass man nach so langer Zeit irgendwann entkräftet aufgibt und meint, dass man eben mit diesem mentalen Leiden leben müsste, so gut es eben geht.

Viele Betroffene resignieren und geben sich selbst fast schon komplett auf. Sie glauben nicht mehr daran, dass für sie ein unbeschwertes und glückliches Leben möglich ist.

In diesem Stadium ist es wichtig, dass man wieder neues Vertrauen in sich selbst kennenlernt. Das nennt man Selbstwirksamkeit.

Man glaubt wieder daran, dass man selbst dazu in der Lage ist, Dinge im Leben zu ändern.

Wer mein Buch Für-immer-Urlaub-von-Zwangsgedanken und/oder meinen Online-Coaching-Kurs DU 2.0 kennt, dem ist das „Schwarzen Loch" ein Begriff.

Das ist der Moment, in dem man durch einen Gedanken oder eine Vorstellung plötzlich große Angst und Panik verspürt.

In diesem Moment ist der Drang zu grübeln enorm. Daher nenne ich diese Situation das „Schwarze Loch". Die Anziehungskraft des Grübelzwanges fühlt sich dann nahezu unüberwindbar an.

Wer durch meine Methoden es aber mal geschafft hat, nicht ins Grübeln zu verfallen, als er sich am „Schwarzen Loch" befunden hat, …

und wer nach diesem kritischen Moment wie von selbst wieder innere Sicherheit und Zuversicht (ohne Grübeln) erlangt hat, der erkennt, dass er gar nicht unbedingt grübeln muss und, dass die Wahrheit eigentlich schon in einem ist und nur kurz von überbordenden Ängsten überlagert wird.

So schnell und intensiv die Angst kommt, so rasch geht sie wieder und man sieht auf wundersame Weise wieder klar und angstfrei, ohne eine stundenlange Grübelorgie.

Solch ein Erlebnis kann einem Betroffenen viel verlorenes Selbstvertrauen zurückgeben.

Darauf kann man aufbauen und üben, sodass man mental immer stärker wird.

Warum der alte Spruch mit dem Körper und Geist einfach stimmt?

Anatomisch sind wir nach wie vor Höhlenmenschen. Nur unsere Umwelt und unser Alltag haben sich massiv verändert.

Gehen wir in eine mentale Zeitkapsel und stellen uns vor, wir wären wieder ein Höhlenmensch.

Wovor hätten wir Angst?

Sicher vor einer echten Gefahr, die hinter jeder Ecke lauern kann. Ein Krieger von einem fremden Stamm, der uns die Birne mit seinem Knüppel spalten will. Ein Säbelzahntiger, der uns in Stücke reißen möchte. Beängstigend.

Der Höhlenmensch hatte begründete Angst.

Wenn er sich in einer gefährlichen Situation befand, dann war er vollgepumpt mit Adrenalin, damit er wie der Blitz rennen oder um sein Leben kämpfen konnte.

Die angstbedingte Anspannung und das Adrenalin wurden also durch körperliche Aktionen (Flucht oder Kampf) abgebaut.

Und heute?

Was macht uns da Angst?

Die neue Software auf der Arbeit?

Die Präsentation vor Kollegen in einer Woche?

Der Verlust der Arbeitsstelle?

Das sind alles vielleicht keine schönen Dinge, aber keine reale Gefahr für Leib und Leben.

Trotzdem sind wir in diesen Situationen vollgepumpt mit Adrenalin und man fühlt sich genauso, als wäre man in einer tatsächlichen Gefahrensituation.

Wie baut man diese Anspannung dann ab?

Unmittelbar meist gar nicht, denn wegrennen oder kämpfen sind in diesen Situationen meist keine gesellschaftsfähige Reaktion.

Wer ständig angespannt ist darf sich nicht wundern, wenn das Unterbewusstsein dem einen Riegel vorschiebt und uns signalisiert, jetzt reicht es aber mal. Das Ergebnis sind Überlastungsgedanken, Grübelorgien oder Zwangshandlungen.

Daher ist es sehr wichtig, dass man die Anspannungen des heutigen, modernen Lebens (Alltag, spezielle Probleme, Sorgen, Ängste) durch regelmäßige körperliche Aktivität abbaut.

Ich persönlich fahre zum Beispiel gerne mit dem Rad ins Büro (hin und zurück etwa 36 km) und höre dabei meine Trainingsmusik.

Wenn ich angekommen bin fühle ich mich sehr entspannt und merke richtig, wie der Stress sich abgebaut hat.

Daher meiner Meinung nach ein wichtiger Baustein zur Zwangsgedanken-Vorsorge:

Sich regelmäßig körperlich auspowern. Wir sollten wieder mehr Höhlenmensch werden.

Wie Du glücklich im Moment lebst?

Kennst Du das? Du machst eine Aktivität A, bist gedanklich aber schon bei den anstehenden Aktivitäten B und C.

Die Folge davon ist, dass man den Moment, das Leben wie es gerade stattfindet, gar nicht richtig spüren kann.

Oft vergisst man wegen Stress, Sorgen und Ängsten, dass man das Leben achtsam wahrnehmen und genießen sollte.

Wenn man das Dasein in der Gegenwart nicht entspannt wahrnehmen kann, dann sind Erlebnisse mit den eigenen Kindern, eine schöne Beziehung, ein tolles Auto oder ein gemütliches Haus nur oberflächliche Wahrnehmungen eines Lebens, das einem wie Sand in der Hand zerrinnt.

Ruhe und Glück im Hier und Jetzt empfinden zu können, das ist die Fähigkeit, die Gegenwart mit allen Sinnen erleben zu dürfen.

Dazu braucht es kein besonderes Event. Wer wie ein Kind einfach nur fasziniert die Welt beobachten kann, der erlebt sprichwörtlich das pure Glück, den Garten Eden in ganz alltäglichen Situationen.

Ich muss mich auch manchmal innerlich bremsen, weil ich noch gefühlt tausend Dinge machen muss.

Aber es ist so kostbar die Mentalbremse reinzuhauen und alles für einen Moment zu vergessen, zum Beispiel wenn mein lieber Sohn mir seine Bilder zeigt, die er im Kindergarten gemalt hat. Er ist so ein guter Maler und er erzählt mit seinen Bildern so kreative Geschichten.

Wenn ich irgendwann im Sterbebett liege, werde ich mich an solche Dinge erinnern und in meinem Herz eine warme Liebe spüren und wissen, das Leben hat sich gelohnt.

Das ist etwas, worauf man sich täglich besinnen sollte. Den Anker auswerfen, damit die Welle des stressigen Alltags einen nicht wegspült.

Regelmäßig lese ich 5 Minuten meine persönlichen Affirmationen mit Dingen, die mir wichtig sind, damit ich sie unterbewusst bei mir trage und mir die Ansichten und Glaubenssätze, die mir wichtig sind, in Fleisch und Blut übergehen.

Mehr als man jetzt, in dem einen Moment gerade aktiv tut, kann man doch sowieso nicht tun.

Daher erlebt man den Moment und die Aktivität mit allen Sinnen und voller Genuss (z.B. wie fühlt sich die Tastatur an, wie herrlich klimpern die Tasten, wie schön ist es abends zum Einschlafen mit meinen Söhnen ein Buch zu lesen oder ein Hörspiel (Töröööö) zu hören.

Dies alles bewusst und achtsam zu erleben, das gibt mir Kraft für alles, was da noch kommt.

Wenn man etwas tut – auch wenn es nur alltägliche, banale Dinge sind – sollte man diese eine Sache gerade im Moment bewusst und konzentriert machen. Nicht verkrampft oder gehetzt, sondern in Ruhe und mit einer gelassenen Stimmung.

Erst die eine Aktivität bewusst erleben und bei der Sache sein. Dann, wenn das erledigt ist, die Aufmerksamkeit auf die nächste Aktivität / Erledigung / Aufgabe legen, sodass Du Dich im Moment und geerdet fühlst.

Dann passiert es einem auch nicht mehr, dass man sich gedankenverloren fragen muss, ähhhh, habe ich das Auto jetzt eigentlich verschlossen?

Solche Fragen entstehen nämlich, wenn man eine Sache macht (Auto verschließen), gedanklich aber ganz woanders ist.

Deshalb: Lebe bewusst mit allen Sinnen im Hier und Jetzt, spüre den Moment und reise nicht mehr so sehr im Autopilot-Modus durch die Gegenwart.

Werde bitte nicht leichtsinnig, wenn Du wieder glücklich bist!

Wenn man seine Zwangsgedanken überwunden hat, fühlt man sich stark und großartig. Völlig zurecht.

Aber man kann dann auch leichtsinnig werden.

Zum Beispiel in ferner Zukunft, wenn plötzlich mal ein negativer Gedanke auftaucht. Vielleicht in einer stressigen Lebensphase, da ist es durchaus normal, dass ein schräger Gedanke einen überraschen kann und vielleicht sogar ziemlich kalt auf dem falschen Fuß erwischt.

Auch in vielen Jahren darf man den Respekt vor dem Schwarzen Loch nicht verlieren und sollte sich darauf besinnen, wie man sich in einem solchen Moment richtig verhält.

Man darf dann eben nicht wieder gedanklich überprüfen, warum man sowas denkt, ob da was dran ist oder Ähnliches.

Das führt nur wieder zu den gleichen Unsicherheiten, Zweifeln und Ängsten, wie das früher schon einmal war, als man zum ersten Mal unbeabsichtigt in die Zwangsgedanken-Falle getappt ist.

Würde man das in einem solchen Moment vergessen und am Schwarzen Loch unachtsam wieder das Grübeln beginnen, dann ist es möglich, dass dies sich wieder zu Zwangsgedanken entwickelt.

Das wollen wir aber ganz sicher nicht. Deshalb sollte man sich das gut merken, den Respekt vor dem Schwarzen Loch stets behalten und bei einem schrägen Gedanken darauf vertrauen, dass alles gut ist (man es nur gerade nicht spüren kann).

Der negative Gedanke und die Angst, die er für einen Moment auslösen kann, werden sich nach einer kurzen Zeit auch ohne zu grübeln wieder schnell und unproblematisch verziehen.

Die innere Sicherheit kehrt dann von ganz allein zurück, sodass man spürt: Hey, so ein Quatsch.

7. Schluss

Das hast Du nun drauf

Du bist nun am Ende… doch eigentlich stehst Du an einem neuen Anfang.

Du hast viel darüber gelernt, wie man seine innere Stärke aufbauen kann und warum das wichtig ist.

Du weißt jetzt, dass Menschen mit Zwangsgedanken sehr stark sind… und genau deshalb Probleme mit Zwangsgedanken hatten.

Das Verständnis der Zwangsgedanken lehrt Dich eine ganze Menge über Dich… ja, es macht Dich ein ganzes Stück weiser.

Das Überwinden der Zwangsgedanken transformiert Dich zu einem stärkeren, bewussteren und letztlich glücklicheren Menschen.

Du bist ein Superheld mit vielen tollen Kräften, wie Empathie, Verlässlichkeit, Ehrgeiz, Liebe, Humor, Gelassenheit, Kraft und vielem mehr.

Doch jeder Superheld hat natürlich auch seine Schwachpunkte. Das ist auch gar nicht schlimm, jedes Licht braucht einen Schatten. Jeder Superman sein Kryptonit.

Entscheidend ist nur, dass Du Deine Schwachpunkte jetzt deutlich besser kennst und mit ihnen umgehen kannst.

Die begehrtesten und legendärsten Fahrzeuge sind Autos, die unfassbar schön und außergewöhnlich für ihre Zeit waren.

Sie waren anstrengend und herausfordernd zu fahren.

Fahrzeuge wie ein Porsche Carrera GT, ein Lamborghini Miura oder ähnliches.

Nicht die aalglatten Einheitslimousinen sind es, die zu Legenden werden.

Nein, es sind die Fahrzeuge, die einem viel abverlangen, aber noch mehr zurückgeben.

Du bist kein Durchschnitt, Du bist keine Einheitsware…

Du hast mehr Power als viele andere…

Jetzt weißt Du auch, wie Du Deine PS gebändigt bekommst, sodass Du einfach nur Freude hast, an jedem Tag, an dem Du Dich auf dieser aufregenden Lebensstraße bewegst.

Grundwissen: Methoden lernen

Die meisten Leser dieses Buches werden schon mein Buch Für-immer-Urlaub-von-Zwangsgedanken und/oder meinen Online-Coaching-Kurs DU 2.0 kennen.

Darin schildere ich, mit welchen Methoden es mir (und mittlerweile sehr vielen Betroffenen) gelungen ist, einen guten Weg aus dem Gedankenlabyrinth zu finden.

Wenn Du das Buch Hirnabolika durchgelesen hast, Dir aber noch die theoretischen Kenntnisse aus Für-immer-Urlaub-von-Zwangsgedanken oder DU 2.0 fehlen, dann kannst Du Dir über folgende Links nähere Infos dazu holen:

Buch:

www.zwangsgedanken-besiegen.de/fuer-immer-urlaub

Online-Coaching-Kurs:

www.zwangsgedanken-besiegen.de/kurs-du-2-0

Danke für Euer unglaubliches Vertrauen

Was würdest Du sagen, wenn Dich eine wildfremde Person auf der Straße anspricht und Dir sagt:

Du, ich bin Oliver (fiktiver Name, inspiriert von Oliver Queen aus Green Arrow) ich bin Manager eines größeren Unternehmens.

Alle Menschen glauben, dass ich ein sehr starker und erfolgreicher Mensch bin. Doch niemand weiß, wie es in mir aussieht. Ich glaube irgendwie, dass Du mich verstehen kannst und mir helfen wirst.

Ich habe nämlich das Problem, dass ich manchmal das Gefühl habe, dass ich durchdrehen könnte und dann kurz davor bin, die Kontrolle über mich zu verlieren.

In diesen Momenten habe ich so einen inneren Drang in mir und habe Gedanken darüber, dass ich mit einem Messer auf meine Frau losgehen könnte.

Zudem glaube ich hin und wieder auch, dass ich schwul sein könnte, obwohl ich seit 27 Jahren glücklich mit meiner Frau verheiratet bin.

Ich traue mich deshalb nicht im Schwimmbad in eine Männerumkleide zu gehen.

Deshalb vermeide ich Besuche im Schwimmbad, obwohl meine Kinder so gerne einmal mit mir dorthin wollen.

Solche höchstprivaten Nachrichten erhalte ich jeden Tag.

Mir schreiben Menschen ihre Sorgen und Ängste, die sie manchmal sonst mit noch niemandem geteilt haben.

Und dafür möchte ich einfach nur **DANKE** sagen.

Danke, für das Vertrauen, das ihr mir entgegenbringt.

Danke, dass ihr meinen Methoden eine Chance gebt und Danke für all die unfassbar schönen Rückmeldungen von Betroffenen, die es geschafft haben und nun glücklich und frei von Zwangsgedanken sind.

Was ihr mir da schon alles geschrieben habt, das hat mir so oft eine Gänsehaut geschenkt und mich sprichwörtlich zu Tränen gerührt.

Ihr habt es verdient frei zu sein und ich werde euch weiterhin helfen, so gut ich kann.

Take it easy,

Euer Sascha

P.S. Hat Dir das Buch Hirnabolika gefallen und geholfen? Schreib mir gern Deine Meinung an:

info@zwangsgedanken-besiegen.de

CPSIA information can be obtained
at www.ICGtesting.com
Printed in the USA
BVHW031150041022
648623BV00013B/1229